ランニングリテラシー

Running literacy

走って 読んで 再発見！

ランニング学会 ［編］

大修館書店

走って 読んで 再発見！
ランニングリテラシー

まえがき

　自宅から多摩湖を大回り，2時間ほど走ってきました．小雨でしたが新緑がみずみずしくとても快適でした．多摩湖に来ると，やはり学生時代を思い出します．特に，今日は雨，ベルギー人のM氏と走った「どしゃぶりの多摩湖5周（42km）」，もう40年も前になります．サンフランシスコ在住のM氏はもう70歳ですが，パワーリフティングの現役選手として頑張っています．なんと，デットリフト350ポンド（56kg級年代別世界記録）持ち上げるというから驚きです．1983年，ホノルルマラソンでパッフェンバーガー先生（スタンフォード大学）と出会わせてくれたのもM氏でした．その後，ランニング学会でパッフェンバーガー先生を2度に渡ってお招きし，名誉顧問にも座っていただきました．今日は走りながら，ランニング学会20余年の歴史も少々振り返ることができました．

　ここ多摩湖，狭山湖には昨年秋と今年の冬にアミノバリューランニングクラブの皆さんにも走っていただきました．深まりゆく秋，そして冬場の里山クロスカントリーを楽しみました．アミノバリューランニングクラブはランニング学会賛助会員の大塚製薬㈱の協力を得て学会が主催する市民ランナーを対象としたクラブ活動です．全国各地で40以上のクラブ，3000名をこえる会員を得て毎年6月から12月にかけて活動し，今年で7年目を迎えます．クラブ主催・誕生のきっかけは，もちろん第二次ランニングブームとも言われる近年のジョギング・ランニングの隆盛にあります．多くの市民ランナーの方々が全国各地で朝な夕な，あちこち繰り出しています．特に，近年は若い女性ランナーが目立つのも特長です．大会になると，一層にぎわいます．どの大会も参加者数が急増し，うっかりしていると定員オーバーで申込締切になってしまいます．こうして多くの方々が自分のライフスタイルにジョギングやランニングを上手に取り込んでおられることは，とても素晴らしいことだと思います．ただ，同時に多くの方々が，「走る場所ない」，「仲間がいない」，「走り方が分からない」，「指導者がいない」などといった悩みを潜在的にかかえていることが，私たちの調査からも明らかになっています．また，大会は数多くあるけれど，日常的なランニングクラブが身近にないといった

声も聞こえてきます。ならば，学会としてランナーの日常をサポートしようという訳で，ランニングクラブが6年前に誕生し，毎月，毎週のように全国各地でクラブ活動が展開され，それは同時にランニングに関わる実践的な研究集会が開催されていると捉えることもできます。

　本書は，こうした背景，長年に渡る実践研究を踏まえてランニング学会の叡智を結集し，市民ランナーの日常に資するために誕生しました。ランニングはシンプルで分かりやすいスポーツではありますが，走り出せば走り出すほど奥行きの広い，素晴らしい魅力と様々な特性を併せ持っています。これから走り出そうとしている人，あるいはさらに奥まで走って行こうとしている人たちに，本書が少しでも後押しできれば幸いです。

　最後に，これまでランニング学会の様々な研究活動に関わりご協力いただいたランナーをはじめとする数多くの方々に感謝申し上げるとともに，本書の出版に当たってそれぞれの立場から的確に執筆いただいた会員諸氏，また山本正彦出版委員長をはじめ各委員のご尽力に，さらに大修館書店久保友人さんのご理解，ご協力に記して感謝申し上げます。

2011年6月

ランニング学会会長
有吉　正博

もくじ

- ●まえがき………ⅱ

第1章 楽しき哉 走る世界　　　　　　　　　　1

- 1-1　楽しく走る………2
- 1-2　走れば進化する　―ランニング進化論―………8
- 1-3　四季を走る………12

第2章 走る準備はできていますか　　　　　　17

- 2-1　ウォーキング・ジョギング・ランニング………18
- 2-2　ランニングのいろいろ
　　　―ランニング手段のとらえ方とバリエーション―………23
- 2-3　大事になる前に健康チェック………28
- 2-4　走る時間を見つけよう………30
- 2-5　走るコースの見つけ方………34
- 2-6　走るのは食べる前？食べた後？………37
- 2-7　走りの足元　―シューズの選択法―………39

第3章 ランニングへの取り組み　　　　　　　41

- 3-1　取り組みの第一歩………42
- 3-2　準備運動の重要性………43
- 3-3　トレーニングを続けるコツ………48
- 3-4　日常のケアとトレーニング………50
- 3-5　マナーと危険への備え………54

第4章　ランニングは健康の指南役　57

- 4-1　ランニングは有酸素運動
  　　　—酸素を吸うことの大切さ—………58
- 4-2　究極のダイエットがランニング………61
- 4-3　走ることは快楽だ　—脳がよろこぶランニング—………64
- 4-4　ランニングと寿命………66

第5章　知っておきたい大事なこと　71

- 5-1　レースで起きるアクシデント　—原因はさまざま—………72
- 5-2　マラソンレース中の適切な水分補給について
  　　　—ランニング学会の見解—………80
- 5-3　心をフレッシュに走る大切さ………84
- 5-4　ケガにはこのように対処します………89
- 5-5　レース前日の準備………94
- 5-6　レース前の過ごし方，レース当日の過ごし方………98

第6章　ステップアップのランニング　103

- 6-1　トレーニングには法則がある………104
- 6-2　どのくらい走ればマラソンを完走できるか………108
- 6-3　フォームの話………111
- 6-4　ストライド走法とピッチ走法………115
- 6-5　呼吸のリズムをつかむ………122

第7章　ランニングは科学が生きるスポーツだ　125

- 7-1　最大酸素摂取量の話………126
- 7-2　乳酸性作業閾値を知ることが成功につながる………129
- 7-3　心拍数を使いこなそう………132

もくじ

- 7-4 軽ければ速くなるか ………… 134
- 7-5 高地トレーニングの科学 ………… 137

第8章　これが体に効くトレーニングだ　139

- 8-1 インターバルトレーニング ………… 140
- 8-2 レースペースラン ………… 146
- 8-3 ビルドアップラン ………… 150
- 8-4 LT・OBLAペースのトレーニング ………… 152
- 8-5 ヒルトレーニング ………… 157
- 8-6 サブスリーを目指す ………… 161

第9章　レースを迎えるに当たって　163

- 9-1 コンディショニングの意義と方法 ………… 164
- 9-2 ペースを守ろう ………… 168
- 9-3 マラソンにおける目標設定 ………… 173

第10章　走って食べる。栄養の話　179

- 10-1 バランスよく食べる大切さ ………… 180
- 10-2 トレーニング後は炭水化物を ………… 186
- 10-3 タンパク質の摂り方 ………… 191
- 10-4 BCAAってなんだ ………… 195
- 10-5 グリコーゲンローディングをしてみよう ………… 198
- 10-6 貧血を食事で予防 ………… 202

● あとがき ………… 207

第1章
楽しき哉　走る世界

1-1 楽しく走る

「あなたは，なぜ走るのですか」という問いに答えるには，実際に走ってみるのが一番良いでしょう。ゆっくりと体を動かしながら走りだすと，心がほぐれ，気持ち良くなってきます。やがて，もう1人の私が「今日の調子はどう？」と話しかけ，周りの景色は普段より鮮やかに感じるようになります。そして，新しい自分が生まれたように感じることでしょう。

走ることは苦しく大変なことだと多くの人は思っていますが，非常に楽しいものです。音楽が音色を楽しむのであれば，走ることは走楽の世界。走ることは単調ではありますが，たくさんの楽しさが大地を弾む足から生まれてきます。

そこで本章では，いろいろな走る世界の楽しさを述べてみましょう。

> *風を切るって，いい方があるけれど，風を切るためには自分の体を動かさなくてはならないだろう。じっとしている人には感じない風を，走っているおれたちには感ずる*
>
> *灰谷健次郎*

自由に走る（自由走）

玄関でジョギングシューズに履き替えて外に出ると，私の体を一瞬にして朝の大気が包みます。そして，部屋の中では感じられなかった新鮮な空気を感じながらゆっくり走り始めます。動き始めの体は重く，鈍いですが，歩く程度のスピードで走っていると，次第に，軽く，心地良さが体の中から出てきます。やがて，部屋で閉じこもっていては感じられなかった自由の広がりを知るのです。

スポーツとは語源によれば，嫌なものや仕事から離れて気晴らしをすることから始まりました。ランニングはこのスポーツの語源を最も簡単に，いつでも実感することのできるスポーツです。イギリスでは，昔からランニング

が盛んです。ランニングのバイブルと言われているアラン・シリトーの名作『長距離走者の孤独』に，少年院に閉じ込められた少年が，朝，森の中を走る場面があります。「門を出て小径をトコトコ走り，…樫の木のとこで折り返してくるあの二時間くらい，自由なことはなかった」まさに，この少年でなくても，森や公園や川辺の道を走れば，誰しも，誰からも与えられない自由な時間を持てたと思えることでしょう。たとえ部屋の中であっても，トレッドミルの上を走るだけでも，他では得られない自分の自由な心を持つことができるものです。

走るとは，自由な時間に，自由な心で，自由に行うもので，日々の生活でなくてはならないひと時なのです。

自然に走る（自然走）

走ること，歩くことは人類が幾百万年も続けている基本的な動きです。それらは今でも変わらぬ自然そのものであり，発育途上の子どもたちは柔らかい自然な走りをしています。ところが，現代は機械文明化によって環境の変化が進むことで，周りの自然が乏しくなると同時に，私たちの中から生じる自然な走りも失われつつあります。

しかし，野外に出て，光や風に触れながら，林や公園の木々の中や草地を走ると，足元から体全体に自然を感じ，次第に，自然と一緒になった気分になってきます。森の木々が発する，病を癒すフィトンチッドを吸いながら，心のストレスを吐き出すことは，東洋的に言えば気の世界です。川沿いの道を走れば川の流れに，海辺に沿って走れば波の音に躍動感を与えられ，たくましい自然児になって砂浜を素足で走り，岡を駆け上るのです。

春には香る花，夏は緑の風，秋は色鮮やかな草木，冬には白き雪の山など，それぞれの季節を五感で知ることで，心は豊かさで高揚し，走る者は動物のように柔らかくスムーズな動きになってきます。夏の厳しい暑さも，冬の氷のような冷たい大気でも，走っていると，室内では感じられない快適な暑さや寒さを感じることができるのです。

走りながら，自然と一緒になれた気分こそ，体に自然が甦った証であり，草木や花と一緒に風景をつくっている瞬間なのです。さらに，「ゆっくり走」

を続けていると，やがて，感動によって文章や俳句，詩，ハーモニーが浮かび，まるで芸術家の世界のようです。

分け入っても分け入っても青い山　　　　　　　　　　　　　　　山頭火

仲間と走る

「皆と話をしながら走ることが，こんなに楽しいとは思いませんでした。この教室が終わったら，ランニングクラブを紹介してもらえませんか」

初心者や日頃1人で走っている人たちを集めてのランニング教室が終わった時，ある参加者が，こう私に語りかけてきました。日頃は，他人に対して恐怖を感じ，外に出たくないのに，この日は皆と一緒に走っているうちに話が弾んだと言うのです。

ともに同じ風を受けながら，呼吸を弾ませ，手足を動かしながら走れば，一緒に過ごす楽しさが生まれてきます。孤独で淋しい時代と言われる今日ほど，ともに走って過ごせることが楽しくなってくるのです。

近年，東京マラソンをはじめ，全国各地の大会では，道をあふれるほどの人たちが走っています。本来，マラソンは自己の記録に挑戦し，速さを競う

仲間とのスマイルランニング

競技性の強いスポーツです。むろん，今でもそうではあるのですが，それ以上に，ともに走る「共走」の楽しさを市民ランナーは求め，見出しているのかもしれません。快適に走っている時も，30kmを過ぎて苦しみに耐えている時も，互いに一緒に同じゴールを目指しているという連帯感を持つことができるのです。

　「走りながらの話はシンプルですが，心に響き，お互いに純粋な仲間になった気分です」走る道は人生の道に思え，わが隣を併走する人は「旅は道ずれ」の人となります。例えば昨日1人で走った20kmは長くても，今日仲間と走った20kmは短く感じ，楽しさが倍増してきます。しかし，互いに嫌になった時はつらいもの。その時は自分の周りの風景を仲間にして走れば良いのです。

元気に走る

　「走って一番良かったのは，元気で健康になったことです。」

　メキシコとミュンヘンオリンピックのマラソンでメダリストとして活躍した君原健二選手の引退後の言葉です。私はこれを聞いた時，速く走るために激しい練習を積み重ねた選手でも，メダルよりも健康を第一に考えていたのかと驚きました。私も，かつて箱根駅伝を走っていた時以上に，70歳近くまで走り続けてきた元気さに自ら感謝をしています。

　生命はやがて老いていきます。それを感じ始め，意識して歩くようにすると，筋肉が「この気持ち良さは久し振り」と言い，脳の方からも「まだ元気なんだよ」と答えます。この問答から，脳が「ゆっくりと駆け出してみよう」と勇気のある指示を出すのです。そこで，走り出せば，1歩1歩足が弾み，膝が上がり，腕が動きます。次第に，呼吸は鼻から口中心に移り，「フー」と息を吐き出せば，体全体の力が抜け，自由になります。吸った酸素が体の隅々まで送られ，脳はすっきりとして，筋肉は温かくなってくるのです。衰えを感じるよりも，子どもの頃の感覚が甦り，ゆっくり5分，10分と走ると自分の全てが変わってくるのが分かってきます。さらに，自分の体の中だけではなく，触れる風や景色がいつもと違ってきます。また，気持ちが落ち込んでいた人も，コレステロールが多い体に自信を失っていた人も，体全体の

動きで筋肉がほぐれて解放されていく感覚が味わえることでしょう。やがて，走り続けたいという気持ちが意志力をつくっていくのです。

本当の健康とは，「こうすれば健康になる」「これを飲めば元気になる」という人や物や情報に頼るのではなく，セルフコントロールの力を身につけることです。走ることは自らの足で新たな道をつくり，私自身をもつくる1日の貴重なひと時です。

チャレンジ走り

ランニングには，いつまでも続けられることやいつまでも新しい目標が生まれてくる楽しさがあります。そのため，高齢のランナーは「年をとるのが楽しみだ」と言います。また，毎日20～30分走っているうちに，「ホノルルマラソンを完走したい」と思うようになるのも，自らの足から自信が湧き，希望が大きくなってくるからなのでしょう。

1960年代になっていち早くマラソンに挑んだのは，中高年と女性，そして障がい者でした。当時，女性はマラソンに出場できなかったにもかかわらず，アメリカのキャシー・スウィッツアーさんは男装して完走し，その後，

女性によるチャレンジ

晴れて出場が認められ，ゴールするキャシー・スウィッツアーさん（1972年ボストンマラソン）

女性が出場権を与えられるきっかけをつくったのです。

　また，1973年のボストンマラソンには7人の心筋梗塞患者が挑戦しました。医師のカバナー先生は，心臓病患者に対してジョギングによるリハビリを行っているうちに，元の仕事に戻るだけではなく，激しいスポーツにも取り組んでみるべきだと考え，患者たちと適切なトレーニングプログラムを続けました。そして，7人は心臓破りの丘を上り「どんなに長くかかろうとも，ゴールまで走りきれば勇気ある勝者とみなされる」と信じ，完走を果たしたのです。

　歩き走りのジョギングから長く走るLSD，そしてマラソン，100km以上にも及ぶウルトラマラソン，山を走るトレイルランなどは，日本を走り，地球を走る無限のチャレンジを楽しむことができます。一番だけではなく，誰もがヒーローになれるランニングこそ楽しき哉。

1-2 走れば進化する　―ランニング進化論―

　なぜ人は走るのでしょうか。人は本能的に，無意識に走ります。一方で，意識的に長く走ることや楽しく走ること，競走をすることもできます。そして，病気の予防や回復のために走るといった，いろいろな走りができるからこそ，私たちはなぜ走るのかを知りたくなるのです。

　学者や研究者たちは，生理学，心理学，栄養学，社会学，民族学，哲学といったあらゆる学問領域から「走る」ことに興味を持ち，探求してきました。本書には，その研究の一端が紹介されています。

　今日では，脳科学と人類学の専門家によってランニングの研究が進められています。その中で，D.M.ブランブル先生たちは『持久走と人の進化』，ジャーナリストのC.マクドゥーガルさんは『走るために生まれた（Born to run）』という著書で，人類は走ることで進化をしたという学説を発表しました。ランニングが，単に現代のポピュラーなスポーツにとどまらず，むしろ幾百万年の人類の歴史を支えてきた運動であると主張しているのです。

生活生存としての走り

　四つんばいで歩いていた赤ちゃんが立ち上がり，歩き，そして，走り出す。母親を探し，怖い犬から逃げ，ボールを追って喜び，恐怖，欲求とより情感を豊かにして，大きな動きで走ります。

　脳科学者の久保田競先生は「歩行よりも走行のほうが脳の働く領域が増え，前頭連合野が働き，頭の働きが良くなる」と説いています。現代の赤ちゃんも人類の進化と同じように，歩き，そして，走ることによって脳が活性化し，神経や情緒や知力までも発育・発達させているのです。

長距離走の得意な人間

　四足動物と二足の人間が競走するとどちらが速いでしょうか。100m競走ではチーターは3秒，ウサギは6秒で走り，10秒かかる人間を圧倒してしま

います。しかし、10km、さらにマラソンになってくれば、馬以外のほとんどの四足動物より、人間の方が長く走ることができるのです。それは、人間と馬は汗をかくことができるのですが、ほとんどの動物は汗をかけず、体温が40度以上に上がりすぎて熱中症になってしまうからです。

　L.リーベンベルグ先生は、「人類は狩猟時代に進化した」という説を、現在でも狩猟生活をしているアフリカの原住民の研究調査によって証明しています。200万年以上の間、人類は動物を食料とするために追いかけてきましたが、動物は逃げ足が速いため簡単には捕まえることができませんでした。しかし、ゆっくり走り、追っているうちに、動物は息切れしてしまうことに気づき、仲間と狩猟の仕方について話し合いながら、ゆっくりと時間をかけて追いかけるようになりました。酸素を体全体に巡らし、走りながら考える活動は筋肉と脳を結び付け、人類を進化させることとなったのです。そして、脳と体に刻み込まれた長距離走は今でも人間に適した活動として行われ、世界の各地で活躍する多くのランナーたちに受け継がれていったのです。

　かつての狩猟時代とほとんど変わらない生活が残っているアフリカの地域では、いまだに移動や通学で長く歩き、ゆっくり走る足の活動が続いていま

「走る民族」タラウラマ族のランナー

す。その風土から世界で最も速い長距離走者が育っているのです。一方，われわれ日本人は狩猟から稲作をする農耕民族となって，田畑での労働と，起伏の激しい山野での移動によって足腰の優れた民族となりました。明治時代の金栗四三に始まり，君原健二，宗兄弟，瀬古利彦，高橋尚子と次々に世界的な長距離選手が育つなど，日本はマラソンや駅伝が好きな人々が多いランニング風土だったのです。

考えて走る

　人類は狩猟時代に獲物を獲るために考えながら走ることで，脳が発達して，ホモ・ファーゲル（道具を使う人），そしてホモ・サピエンス（知的な人）となり，今日に至っています。そのため，静かに座っている時よりも，走っている時の方が感覚や感情，心，考えが活性化するのです。

　机に向かって原稿を書いているうちに行き詰まり，ペンが進まなくなった時にシューズを履き，外を走ると，やがて雲で覆われていた心がすっきりした青空になり，新しいストーリーやアイデアが浮かんでくるではありませんか。坂本龍馬は「脚が達者でなければ仕事はできぬ」と言ったそうですが，1日に5里も10里も走るように歩くことで，「日本を洗濯したい」という思想を形作っていったのかもしれません。

　脳科学者の久保田先生は「脳を鍛えるためのランニングのコツは考えて走ることにある」「走れば，酸素が十分に脳に送られてくるので，脳のシステムが活発に動き，スムーズに考えられるようになる」と述べています。そのためには，息切れしないゆっくりとしたスピードで30分ほど走り続けることが良いでしょう。

ランナーズハイ，走禅

　私たちは心地よい風に吹かれながらリズミカルに走っているうちに，脳の中でセロトニンやドーパミンなどのホルモンが生まれ，快感になってきます。そして，花や緑の草木，川や海の青い広がりがいつもより美しく見え，打ち返す波もハーモニーを醸しだして，心が高揚してくるではありませんか。それをランナーは「ランナーズハイ」と呼び，いかに走ればその状態が

得られるかと工夫をしながら，楽しみ求めています。
　私は1975年にアメリカのボストンで「Zen of Running」という本を偶然にも見つけました。その中で，座って座禅をするのではなく，自然の中を素足で，肌に風を当てて走りながら悟りを開く「走禅」を説いていました。また，今井尚英さんも「散歩やランニングは風景や気分を重ね合わせて，思索が深まり，禅の境地へも入る」と走禅庵を立て，走禅をすすめていました。
　このように，ランニングは体や心といった部分的な変化や効果を求めるだけでなく，体全体で感じ，考えていくことに人間味あふれた楽しさがあるのです。では，いつまで楽しく走ることができるのでしょうか。それは，走り始めた者が常に思い続けていることかもしれません。心臓病でありながら，リハビリによって長く走り続けられた内科医の萩原隆氏が伝えてくれたマルティン・ルターの言葉は私にとって，明日の走りの希望となっています。
　「たとえ世界が明日終わりであっても，私はリンゴの樹を植える」

1-3 四季を走る

　ランニングは誰でも，どこでも，いつでもできます。しかし，それだけに，ただ同じ時刻に，変わらぬ場所を走っているだけでは単調で退屈なランニングになってしまい，本当の走る魅力を味わうことが難しくなってしまいます。ランニングは昨日とは違った走りを求め，新しい何かを感じることが楽しいものです。そこで，ここではそれぞれの日や季節をいかに楽しく走るか述べてみましょう。

　たとえば，1日の朝，昼，夕方，そして，夜とそれぞれの時間の走りはずいぶん感じ方が違ってくるものです。

　朝，外に出れば，吹く風も朝日も新鮮で，まずは体操や散歩で体を目覚めさせ，ゆっくり走れば，体と心はすっきりとして，昨日の疲れもだるさも次第に癒されてきます。

　昼は，休日ならば，自由な時間を使って，よりゆっくり長く走ることを満喫できる時です。また，平日ならば，少ない昼休みを使って，仕事などのストレスを発散するリフレッシュランニングをすることができます。

　夕方は走りながら酸素を体の隅々までたくさん送って，1日の疲労を取り除いたり，脳を活性化させてすっきりした気分になります。また，家族や仲間と走る楽しさを共有できる時でもあります。

　夜は，星や月を眺めながらセンチメンタルランをするのも良いでしょう。ただ，消化のことを考えて，食事前か食後1時間以上経ってから走りたいものです。そして，ゆっくり風呂に入って眠れば夢の世界が待っています。

四季に応じた走り方

　春夏秋冬がはっきりしているわが国だけに，自然に触れる俳人のように，走る私たちはそれぞれの季節にふさわしい「走人」になることができます。走る人は誰よりも早く季節の訪れを感じ，暑くても寒くても，その季節にふさわしい体に順応していくことができるのです。

高原の秋の風に吹かれながら走る心地良さ

妙高高原にて

1 春を走る

　春は万物が甦る時です。その中を走れば，新しい春をたくさん発見できる楽しさがあります。明るい春光を浴び，梅や桜のつぼみが開花するまでの日々の変化を見ながら走ります。雪国ならば，久し振りの土の道で足が弾み，春探しのランニングが楽しめます。立ち止まって，花の香りをかぎながら深呼吸やストレッチをすれば，体の中まで春の気が入り，癒されてくることでしょう。

> 梅が香にのつと日の出る山路かな　　　　　　　　　　　　芭蕉

　春はオフロードでの走りが楽しいものです。寒風の中を硬い路面で走っていたランナーの筋肉は硬く，フォームは小さく凝り固まったようになっているはずです。そこで，公園や林の柔らかい土道や起伏を探してゆっくり走れば，気温の暖かさと足場の柔らかさで筋肉も心もほぐれて，素敵なフォームに戻ってくるのです。

　また，春はマラニックシーズンです。マラニックとはマラソンとピクニックを合わせた走り方で，ナップサックに水と軽食を入れ，野山を走りと歩き

を交えながら、ゆっくり長く2時間から半日以上にわたって小さな旅を続けるものです。春と一緒に長く走り続ける楽しさは、やがてフルマラソンを走る心身の成長を促がしていくものです。

2 夏を走る

夏場で気温が25度以上になる時に走るのは難しいものですが、ランニングをすれば汗をかいた皮膚に風が当たり、さわやかさを感じることができます。鉄板のように熱い路上を離れ、林の木陰の下を走れば涼しさも一杯です。時には500m以上の高地や山を走り歩けば、けわしい起伏の中をたくましく走ることができるものです。

身近な走りならば、早朝ランニングも良いでしょう。私が50年以上にわたって楽しく走り続けているのも、夏のすがすがしい早朝ランを行って、新鮮で充実した1日を始めることができるからです。また、夕方、素足で芝地を走れば体で自然の涼しさが満喫できます。夏こそ自然児に戻る時なのです。

> 日のくれて　しばらくものの　見ゆる時
> 広き芝生に　われは息づく
> 　　　　　　　　　　　　　　　　　　岡　麓

また、夏のクロストレーニングも良いものです。クロストレーニングはランニングだけではなく、自転車や水泳、山登りといった他のスポーツをとり入れてトレーニングすることです。高原や山を走るトレイルラン、常夏のハワイで始まった、フルマラソンと160kmの自転車、4kmの遠泳を続けて行うトライアスロン、いずれも風や水といった自然の涼しさの中で行うものです。しかも、楽しめば楽しむほど元気にスタミナがつくという素晴らしさがあります。次第に涼しくなってくる風とともに、夏に得たスタミナは真なる持久力になるはずです。

3 秋を走る

稲穂の垂れる畦道を走れば、広がる黄金色が走者の心を豊かにし、夏の暑さを忘れさせる涼しさで体の中から力が湧き、走る時間や距離が延びていきます。秋はランナーにとって最も良い季節です。旬なものを食べるように、

夏，浜辺を素足で走り，時には泳ぐ

オーストラリア
ポートシーの海岸にて

　ランニングも旬なときに走ることがふさわしいのです。アメリカで30年以上前から始まったオクトーバーマラソンは，10月の31日間に誰が一番多く走れるかを競う大会ですが，このようなイベントが開かれることからも，いかに10月が走りやすい季節なのかがわかります。
　しかし，涼しいからといってスピードを上げて走ると，後半になり足が重く，呼吸が乱れ，疲れが激しく，長く走れなくなってしまいます。そこで，スピードを落としてゆっくり走にきりかえます。時々，歩きを入れてのマラニックで自然と長く足は延びてゆくことでしょう。「こんなに走れるんですね」と，走り始めたばかりの人は驚きます。それが1時間，2時間と長く続けばLSDとなるのです。
　このように秋風に乗って長い走りが楽しくなってくれば，秋から冬にかけてのマラソン大会に参加したくなってきます。走ることで走る力が生まれ，そこから何かに挑戦をしようとする気持ちが湧いてくる過程こそ，秋の深まりによって紅葉する草木と同調した熟走の世界を走者に感じさせてくれるのです。そして，走って絞り込んだ体がスマートに野を走ります。

　　痩馬のあはれ機嫌や秋高し　　　　　　　　　　　　　　鬼城

4 冬を走る

　南の沖縄の那覇マラソン，太平洋側でも冬の陽射しを浴びて走る万を超すマラソンランナー。一方で，北日本と日本海側では雪一色になり，ランナーは，他の季節以上に走る方法が多種多様になります。

　日本海側の雪国では雪の止み間や雪の少ない道路を探して足元を気にしながらゆっくり走ります。時には，道なき白い原野を野性の獣のように走るのも良いでしょう。後ろを振り返れば一直線の足跡が続きます。それを見れば，汗ばむ背中から暖かさと走る充実感が湧いてくるようです。

　また，ランニングシューズからスキーの板に履き替えて，クロスカントリースキーを行うのも良いでしょう。クロカンスキーはランニング以上に手足を動かし，負荷もかかるため，走るフォームが進化してくるのです。春になって乾いた走路を走れば，さらにスピード豊かな美しいフォームのランナーの誕生です。

　正月が駅伝風景になるように，週末には各地でマラソン大会が行われます。道路は人気のハーフマラソンやフルマラソンに挑む人たちで埋め尽くされ，それぞれ自分のペースで，それも同じゴールを目指す仲間となって互いに励ましあう，人間共生の世界が広がってきます。

　しかし，時には冷たい風で喉を痛めて走りをやめ，心で走ります。

> 旅に病で夢は枯野をかけ廻る　　　　　　　　　　　　　芭蕉

● 参考文献
- 灰谷健次郎（1992）ほほ笑みへかけのぼれ，理論社
- アラン・シリトー著，河野一郎訳（1973）長距離走者の孤独，新潮社
- 荻原井泉水（1973）現代日本文学大系95現代句集，筑摩書房
- T．カバナー著，長田博昭訳（1982）心臓発作をのりこえて，古橋書店
- クリストファー・マクドゥーガル著，近藤隆文訳（2010）BORN TO RUN 走るために生まれた，NHK出版
- 久保田競（2006）ランニングと脳，明和出版
- 久保田競（1983）頭をよくするランニング，講談社
- 今井尚英（2002）歩行・走行のすすめ，文芸社
- 萩原隆（2007）ランニングの世界4号，明和出版
- 柳川彰治（2009）松尾芭蕉この一句，平凡社
- 久保田正文（1976）現代名歌選，新潮文庫

第2章
走る準備はできていますか

2-1 ウォーキング・ジョギング・ランニング

「座る,這う,立つ,歩く,走る」感動

　私たちは生後1年あまりに経験するさまざまな「感動」,「喜び」を,生涯にわたって忘れてはなりません。運動発達に着目すると,生後まもなく,一生懸命首をもたげ,やがて首が安定して座ります。手や足の動きがますます活発になり,体幹部がしっかりしてきて,数ヶ月もすると,寝返り,お座りができるようになります。そして,8〜9ヶ月頃にはさまざまなハイハイから,つかまり立ちができるようになるのです。特に,立ち上がった時の喜びは誇らしげに見えます。それは人間の原点である「直立二足歩行」の第一歩として立ち上がった感動を呼び起こすのでしょう。毎日が感動の連続であり,1歳頃にはヨチヨチ歩きから,1歩1歩しっかりとした歩きへと向かっていきます。そして,平均的には18ヶ月頃から走り始めます。もちろん,この間にはおびただしいほど失敗し,転倒し,転げまわりながら人間らしい「直立二足歩行」を身につけていくことになるのです。山ほど失敗し,苦労して身につけていくからこそ,その喜びや感動も大きくなるのかもしれません。

「立つこと」から楽しもう

　現代人は「歩かなくなった」と言われて久しいですが,その前に「立つこと」さえかなり遠ざけてしまっているのではないかと感じます。起床から就寝に至るまで,生活の中で大いに立つ機会があるにもかかわらず,すぐに座ってしまいます。もちろん,きちんと座ることも大切な基本動作ですが,背筋を伸ばしてさっそうと立つことは実に気持ちが良いものです。すぐに座りたくなるようなら,足腰のフィットネスがかなり低下していると思って良いでしょう。そんな時,いきなりウォーキングやジョギングを始めるよりも,もっと「立つこと」と仲良しになり,立つことを楽しむだけでも,足腰

のフィットネスはかなり改善できます。電車やバス，あるいはオフィスでも立つ機会があれば，積極的に立つように心がけると良いでしょう。窮屈な座席に座るよりも，バランスよく高い立位姿勢を持続する方がずっと気持ちが良いものです。

　ウォーキングとジョギングが密接な関係にあることと同じように，「立つこと」と「歩くこと」，「走ること」は極めて密接な「生活密着型スポーツ」として位置づけることができます。長い時間「立つこと」が楽しめるようになると，長時間・長距離の歩や走がずっと身近になります。ウォーキング・ジョギングは，まず「立つこと」から始まるのです。

ウォーキング

　ウォーキング（歩行運動）は，生活の中のウォーキング，エクササイズ・ウォーキング，レース・ウォーキング（競歩）の3段階のウォーキングとしてとらえることができます。

① 生活の中のウォーキング

　日常生活の中の移動手段としてのウォーキングであり，歩幅や歩くペースもまちまちで細切れのウォーキングとなりますが，生活者の意識や心がけ次

ストックを使って歩くノルディックウォーキング

第で生活の中のウォーキングの頻度や量を大幅にコントロールできるので極めて重要です。生活の中で，ちょっとした距離を自転車やバスに乗ったり，また駅やビルの階段を避けエスカレーターやエレベーターに頼る生活からウォーキング中心の生活に見直すだけで，アクティブなライフスタイルを手に入れることができるのです。

② エクササイズ・ウォーキング

　エクササイズ・ウォーキングは毎分100m前後の積極的なウォーキングであり，息も適度にはずんでエアロビックなエクササイズとして優れています。高い姿勢で歩幅も大いに伸ばして，かかとからつま先に足裏を転がすように歩くと良いでしょう。できるだけ止まらずに，リズミカルに調子よく持続的に歩くようにします。最初は20分間くらいから始めて，徐々に時間を延ばすようにすると良いでしょう。段階的に進めれば，40～60分くらいのエクササイズ・ウォーキングが楽しめるようになります。

③ レース・ウォーキング（競歩）

　歩くスピードが毎分120～130mをこえるようになると，歩くことが困難になり，歩くより走った方が楽になります。一般的にはこの辺りからジョギングやランニングへと切り替えていくことになりますが，レース・ウォーキングは高いスピードのまま歩き通します。競歩は毎分200m前後のスピードで歩き通す極めてハードなウォーキングとなります。トレーニングを積んでいけば，このようなハードなウォーキングもある程度楽しめるようになりますが，くれぐれも無理をしてはいけません。

ジョギング

　ジョギングは毎分100～200m程度の低速，低強度の余裕のある走行です。ジョギングを安全に快適に楽しむには「より速く」走るのではなく，ウォーキングとジョギングをあまり区別しないように，意識の上では「ゆったりと歩くように走る」のがポイントです。

① 弾む楽しさ

　歩と走動作の基本的な違いは，滞空局面（跳ぶ，弾む）が生じるか否かにあります。歩動作では弾むことなく，1歩1歩常に地面に接地しながら歩を

進めていく楽しさがありますが、走動作では両足とも地面から離れる滞空局面が生じ、「ふわりふわり」、あるいは「ピョンピョン」と「弾む楽しさ」を味わうことができます。

　滞空局面の割合は走スピードが上がるほど高くなり、ジョギングやランニングではほぼ20～30％程度、短距離疾走では50％をこえるほどにもなりますが、短時間で終える短距離走よりも、より長く持続できるジョギングやランニングの方が結果的により長く滞空時間を楽しめることになるのです。

2 着地の楽しさ

　滞空局面を楽しむためには、着地した時になんの違和感も生じず、ふわりふわりと気持ち良い着地ができることが前提条件となります。着地のたびに膝や足部が痛んだり、違和感がある時には安心して着地ができず、のびのびとした思い切った滞空局面も楽しめません。クッション性に優れたシューズだけでなく、柔らかで巧みな着地動作、膝や足部の柔軟性や筋肉のバネを生かした着地が重要です。

ランニング

　ランニングはジョギングも含む走全体の総称としてとらえることができま

スピードを上げて弾む楽しさを味わう

すが，ここでは低速，低強度のジョギングからいくぶん走速度を上げて，より快調に走るランニングやレースも含めた中強度から高強度のランニングについて取り上げたいと思います。

具体的なランニング手段については，次節で取り上げますが「一見単調で面白みに欠ける」と思われているランニングも，段階的に取り組むにつれて1つ1つ魅力に満ちたさまざまなランニングになります。走る距離や時間，走り方・ペース，走る場所・コース，コースの取り方，さらには天候や季節，走る仲間などランニングそれ自体の魅力だけでなく，ランニングに関わる二次的な要因やそれぞれの要因の組み合わせなどによってランニングの特性とその魅力は果てしなく広がっていくのです。

2-2 ランニングのいろいろ
―ランニング手段のとらえ方とバリエーション―

距離走と時間走

　ランニングは距離を目安に走るか，時間を目安に走るかで微妙にその特性が異なってきます。距離走は具体的なフィニッシュ地点が定まり，その距離をより速く走りきろうとする意識が働くため，フィニッシュが近づくにつれてペースが上がり強度が高くなる傾向があります。一方，時間という抽象的なゴールを設ける時間走では，より安定的なペースを長い時間持続するのに適しています。そのため，ベテランランナーや走行距離の多いランナーは，時間走と距離走を巧みに使い分けて走り込んでいます。

　短距離から中距離，長距離，さらに超長距離（ウルトラマラソン）へと距離が長くなるほど全身持久力（スタミナ）が要求され，短距離種目ほど高いスピードが必要になります。時間走でも12分，40分，60分，90分間走などがよく用いられますが，6時間走，24時間走，6日間走など超長時間走も実施されています。

ペース

　低強度・低速度でのジョギングやLSD（ロング・スロー・ディスタンス）などでは余裕のあるランニングが楽しめますが，中強度のペース走やレースペースでのペース走ではよりハードなレース向きの手段となります。またペース走は，一定ペース走が基本となりますが，前半ゆっくり走って，後半徐々にペースを上げていくビルドアップ走やスピードの上下動を意図したペース変化走などさまざまなペースバリエーションが楽しめます。

　また，距離とペースを組み合わせ，短距離や中距離を休息を挟んで複数回反復するインターバル走やレペティション走などの方法も多く用いられています。

場所・コース

　走る場所やコースを変えるだけで、ランニングは驚くほどその広がりを増していきます。大まかにトラック（グラウンド）走、ロード（舗装道路）走、オフロード（クロスカントリー）走に大別できますが、一般的にランナーの多くが市街地のロードでのランニングに偏る傾向があります。しかし、けがの予防の観点からすれば、グラウンドや公園などの足にやさしい土や草地のコースも取り入れることが望ましいと言えます。また、平坦な舗装道路は身近で走りやすいものの、未舗装、不整地でのクロスカントリー走を積極的に取り入れると、より柔軟で変容力に富むランニングフォームを身につけるメリットも期待できるのです。

　場所やコースのつくり方は、このあとの節にまかせるとして、ここでは、走るコースの広がりの一例としてジャーニーランを紹介します。ジャーニー（旅行）ランはスケールの大きな片道ランニングです。故郷への帰省ラン、日本列島横断・縦断ラン、アメリカ大陸横断ランなどがあります。世界一周ランを成し遂げた間寛平さんは驚異的な超長距離片道ランで地球一周を達成しました。

里山を走る

これまで，主に野外でのランニングについて述べてきました。野外の自然地でのランニングは素晴らしいですが，日常的にトレーニングジムのインドアトラックやトレッドミルマシーンで走り込むランナーもいるでしょう。4畳半のカーペットジョギングや軒下の往復ジョギングも可能であり，雪国や雨天時などでは，屋内ランニングも重要なバリエーションとなります。

時刻・天候など（タイミング）

「早朝，朝食前に一走り」というランナーは多いようです。皇居周回コースは，以前は昼休みジョガーが目立っていましたが，昨今は午前，午後，夕刻，夜といつ行っても多くのランナーに出会うことができます。ランニングは言うまでもなく，いつでも，どこでも，1人でも楽しめるのが魅力であり，自分のライフスタイルの中で一番ランニングが入り込みやすい時間帯がベストであろうと思います。走る時間の見つけ方についてはあとの節で紹介していますので，自分にあった方法を見つけてみてください。

次にランニングを行うときの天候について述べてみたいと思います。夏場にランニングを行う場合は，炎天下より，雨のランニングの方が安全であり，快適でもあります。日本人は雨に濡れることにやや神経過敏の傾向がありますが，小雨程度なら躊躇せず走り出してみるのも良いでしょう。もちろん，スリップや視野の確保などに気をつけなければなりませんが，雨のランニングは想像以上に快適です。また，冬場は少々北風が強くても，ウインドブレーカーなどウェアを工夫すれば野性的なランニングが体感できます。低温下の冬場の雨やみぞれなどは避けた方が良いですが，基本的にはランニングは全天候型の野性味あふれるスポーツなのです。

その他

1 仲間

第1章でも触れたとおり，ランニングは1人でも楽しめる個人的なスポーツですが，仲間とともに走ることも魅力の1つです。職場や地域のランニング仲間との競走や「共走」を楽しんでみましょう。ランニングは一緒に大会に参加することもできますし，大会に行けばさらに大勢の仲間たちと出会う

ことができます。また，沿道の人々からの温かい声援に励まされるのも尊い交流となるでしょう。

　定期的に仲間と練習会を持つようになればクラブ活動が成立します。既成のランニングクラブに入るのも良いのですが，仲間たちとユニークなクラブ設立に発展するのも良いかもしれません。クラブの練習会だけでなく，練習後の交流，飲み会などアフターランニングも楽しめます。中にはアフターランニングの方が生き生きとしているメンバーがいるのもクラブの魅力でもあります。

　一番身近なクラブ，コミュニティはファミリーでしょう。夫婦で，親子で，家族でランニングに親しむことから始めてみましょう。最近，国内でもジョギング用ベビーカーを見かけるようになってきました。育児や子育てでジョギングなんてとてもと思っている方は，工夫して，まずは大人が楽しむことが重要です。そうした大人の姿を見て，スポーツ好きの子どもが育つのです。レースでも一般の種目とともに，小学生以下の種目や親子ペアの部門も併設される大会が増えてきたことは喜ばしいことです。

2 ウェアなど

　近年，若い女性ランナーが目立つようになり，同時にランニングウェアも

ジョギング用ベビーカーを押しながら走る

カラフルで多種多様になりました。ランニングはラケットやクラブなど特別な用具は必要なく，どんな格好でも楽しめますが，ランニングショップに足を運ぶと，季節に応じたウェア，シューズ，さまざまな小物類がところ狭しと並んでいます。ランニングはウェアだけを楽しむものではありませんが，季節や天候等に応じて，ウェア類もちょっぴり工夫すれば一層楽しめます。

　日差しの強い夏場には，やや紫外線が悪者扱いされている傾向にありますが，サングラスやサンバイザー，涼しいUVカットのウェア，あるいは水分補給用のボトルケースなどが用意されており，Tシャツとショートパンツだけで走っていた頃に比べるとずっと豊かになりました。気温の低い冬場には帽子や手袋，ネックウォーマー，保温性の高いアンダーシャツ，タイツなど軽快で暖かなウェアがカラフルです。ランナー用の腕時計も計時機能に心拍数計やGPS機能まで装備した時計まで現れるなど，ウェアだけでなくさまざまな小物類を身につけてランニングをより豊かに楽しむ方法が確実に広がっています。

2-3 大事になる前に健康チェック

　ランニングを行うことで，さまざまな効果が期待できます。しかし，健康状態によっては，ランニングを行うことがケガや事故の原因となる場合があります。また，その日の体調によっては予定を変更し，思い切って休息日にするなど，常に無理をしないよう心がける必要があります。ランニングによる適切な効果を得るため，また，ケガや事故を防ぎ，いくつになってもランニングを続けられるように必ず健康チェックを行いましょう。

　ランニングを行う時には，体調確認や危険の回避は自己判断，自己管理が基本ですが，ランニング学会では，そのための判断材料として次の3種類のセルフチェックシートを用意しました（表2-1～3）。このセルフチェックシートでは，①ランニングを開始する際の健康状態に関する項目，②当日の体調確認に関する項目，③ランニング中の体調確認に関する項目，として分類されています。

表2-1 ランニングを行う際のセルフチェック：現在の健康状態について

> 　以下の項目に当てはまる方は，かかりつけの医師またはスポーツ・ドクターにご相談されることをおすすめします。
> 1) 現在，医師により運動制限を受けている方
> 2) 次の病気で，現在治療中の方
> 　　高血圧　　　不整脈
> 　　心臓病　　　呼吸器の病気
> 　　糖尿病
> 3) ランニングをすると，次のような症状の出る方
> 　　骨や関節の痛み
> 　　強い息切れ・脈の乱れ・胸苦しさ
> 　　めまい・失神
> 4) その他，現在の健康状態で気になることがある方
> （横浜市スポーツ医科学センターのセルフチェック項目に準拠して作成）

　ランニングを開始するにあたって，潜在的な危険をご自身が判断するための基準です。ランニングに取り組む前にご確認ください。

表2-2 ランニングを行う際のセルフチェック:当日の体調確認について

　人の体調は1日1日変化します。体調が不十分な時にランニングを行うと危険なこともあります。以下の項目について，1つでも該当する日はランニングを避けた方が良いでしょう。疑問や不安のある方は，指導スタッフに相談することをおすすめします。
1) 胸が痛い，胸が苦しい。
2) 普段と比べて血圧が高い。
3) 動悸や息切れがする。
4) 頭痛やめまいがする。
5) 顔や足にむくみがある。
6) 熱がある。
7) 激しい腹痛や下痢がある。
8) 筋肉や関節に痛みや腫れがある。
9) 疲れており，体がだるい。
10) その他，普段とは異なる体の変調がある。
(横浜市スポーツ医科学センターのセルフチェック項目に準拠して作成)

表2-3 ランニングを行う際のセルフチェック:ランニング実施中の危険回避について

　ランニング中に今まで感じたことのないような次の変調があった場合，危険な兆候と考えられます。ただちにランニングを中止して，指導スタッフか近くの人に声をかけてください。
1) 胸がしめつけられる。
2) 動悸，息切れがする。
3) 脈の乱れがある。
4) 頭痛やめまいがする。
5) 吐き気がする。
6) 冷や汗が出る。
7) 足がつる。
9) 筋肉や関節が痛む，腫れる。
(横浜市スポーツ医科学センターのセルフチェック項目に準拠して作成)

2-4 走る時間を見つけよう

　走ることは，比較的いつでもどこでもできる手軽な運動・スポーツと言えます。しかしながら，実業団に所属するようなランナー以外は，「いかに走る時間を見つけるか，つくるか」が，共通の悩みと言えるのではないでしょうか。その証拠に，「走る時間のつくり方」「忙しい人のための走り方」などについて，ランニング関係の雑誌やホームページで特集が組まれていたり，個人のブログにも多く紹介されています。そして，それらには多くのヒントがあり，役立つ情報がたくさんあります。しかし，そのような特集や情報提供が存在しつづけるのは，それらの情報や具体例を自分に当てはめて効果を出すためには，自ら考えて，それらの情報を変更・修正する必要があるからではないでしょうか。そこで本項では，その考え方を紹介します。

　ある経済評論家の言葉に「やる気に頼るな，仕組みに頼れ」というものがありました。「頑張ろう！」「妥協しないぞ！」という気持ちで取り組むと，どうしても挫折しやすいそうです。そうではなく，計画を実行する上で予想される「制限因子」を予想し，その対応も計画して反復・継続できる環境，状況をつくることや計画自体も臨機応変に変更できるような「仕組み」をつくることが大切です。やる気に頼ると挫折しやすいことは，多くのランナーに心当たりがあるはずです。熱心なランナーほどやる気が高く，真面目に計画を実行することにこだわるあまり，楽しくなくなったり，あきらめたりした経験があるのではないでしょうか。やる気は大事です。しかし，やる気を継続させることはなかなかに難しいということを自覚するべきです。やる気があるうちに，まず自分の生活パターンを把握し，いろいろな物事に対する自らの感じ方，考え方，行動の仕方を知ることが，走る時間をみつける第一歩と言えるのではないでしょうか。

　では，走る時間を見つけるためのチェックポイントを，「こんな人たち」の例をあげることで考えてみましょう。

　「睡眠時間が短くても大丈夫な人」

……睡眠時間を削って走る時間をつくることが可能です。
「朝が得意な人」
　……朝ランを中心に走ることができます。
「汗をかいても平気な人」「食後すぐに走れる人」
　……通勤ラン，昼休みランが可能です。
「計画作りが好きな人」「計画実行が得意な人」
　……「仕組み」を工夫した計画をつくって実行することができます。
　いかがでしょうか。このような違いによって，走る時間の見つけ方，仕組みのつくり方が変わってくると言えるでしょう。
　次に，トレーニング方法の工夫による走る時間の見つけ方を考えてみましょう。
「短く速く走っても良い人」
　……短時間・高強度のランニングを中心とした計画が可能です。
「筋トレ好きな人」
　……筋トレとランニングを組み合わせた効果が期待できます。
「他の運動・スポーツが好きな人，できる環境にある人」
　……球技などに全力で取り組むことによる効果が期待できます。
　もし，このようなタイプに当てはまる人は，普段のトレーニングでは強度を高めたランニングや他の運動・スポーツを利用しながら，週1回あるいは月1回でも，長時間，長距離のランニングに取り組むという計画を立てると良いでしょう。
　短時間のランニングで効果を出すためには，LTレベル（第8章参照）のペースで15〜30分走ることや，2〜3分ずつペースを上げていきラストの1〜2分が全力（最大心拍数）になるようなビルドアップ走（トータル10〜20分）などがおすすめです。LT走は，朝食前に実施することで脂質代謝を高めたり，筋トレ後に実施することで少ない距離でも脚の筋肉への負荷を増すため，長距離走に近い効果が得られると考えられます。筋トレとしては，瞬発力を鍛えるためにプライオメトリックストレーニングとしてスクワットジャンプ，スプリットジャンプなどの種目をケガに注意しながら取り入れることをおすすめします。

次に，走る時間を見つけるのが難しい場合について考えてみましょう。例えば，日々の生活における工夫として，移動するときに小走りする（姿勢，フォームを意識することで技術練習と考える），座る・立つ・歩くなどの姿勢を意識する（筋意識を高めるために，お腹をへこませて呼吸をする「ドローイン」もおすすめです），ちょこまか動く・どこへでも素早く移動する・遠回りする（「チリ積もエクササイズ」，「ながら運動」で消費カロリーを増やす），などによって，体重コントロールや良い走りにつながる筋意識を高めたり，姿勢を改善したりすることが期待できます。なお，「通勤ラン」も非常に有効ですが，汗対策やフォームに注意する必要があるでしょう。より速くより長く走ることを目指すのではなく，荷物を背負いながらランニングすることによってバランス，タイミングの良い動きを身につける技術練習と考えると良いかもしれません。

最後に，朝・昼・晩のランニングについて考えてみます。

朝のランニングは，走る時間の確保のために，一番有効と言えるでしょう。昼や夜に走ろうと考えたり，計画していても，用事が入ったり，面倒くさくなったりしてしまうこともあるからです。ただし，朝が苦手な人もいるでしょうし，無理しないことや，水分や糖質の摂取などコンディションに留

空いた時間を利用して都心でランニング

意することが大切です。

　昼のランニングは，例えば，昼休み1時間の中でも，短時間高強度のランニングやビルドアップ走，あるいは筋トレなどが実施可能でしょう。走る時間を確保するために食事を軽食で短時間に済ますことでシェイプアップの効果も期待できます。この時には汗対策がポイントになるでしょう。

　夜のランニングでは，夕食後に筋トレをして，その後に走ると糖質を消費しやすいので，寝ている間に脂肪燃焼を促進しシェイプアップにつながることも期待できます。食後のランニングの消化対策，夜間の安全対策がポイントになるでしょう。

　走る時間の見つけ方は，100人いれば100通りと言えます。しかし，「継続は力なり」を一番に，計画・実行を1週間，1ヶ月単位のトータルで考えて，「今日走れなかった」と残念がりすぎたり，落ち込んだり，あきらめたりしないようにしましょう。その日走れなかった時も，翌日以降で取り戻すことを考え，「1週間の中で2日走れれば良い」とか，「1ヶ月の中で1週間しっかり走れれば良い」など，柔軟に，前向きに考えて，行動につなげていきましょう。「やる気に頼るな，仕組みに頼れ！」を合言葉に，豊かな発想と柔軟な思考による創意工夫を楽しんで，ぜひ目標を達成してください。

2-5 走るコースの見つけ方

もっとも有名なランニングコース

　走ることに関心が集まった80年代，都心の皇居では多くのランナーが走っていました。やがて皇居は「ランナーの聖地」と呼ばれるようになり，現在でもたくさんのランナーが走っています。人気の理由はブランド化したイメージだけではありません。周辺に着替えをしたり，汗を流せる銭湯やランニングステーションが点在していること，食事ができる繁華街が周辺にあることなどがあげられます。そのため，平日の夕方からでも多くのランナーが集まるのです。皇居の周辺を1周走ると，距離はちょうど5kmとなるため，どのくらい走るのか目標を決めやすいのも人気の理由の1つでしょう。

　しかし，素晴らしいコースは皇居だけではありません。自宅や職場の周りを見渡せば，それぞれのランニングスタイルや走力に合ったコースがあるはずです。あなた自身の素晴らしいコースを考えてみましょう。

ランニングコースをつくるポイント

　走るコースを考える前に，はじめに自分自身のランニングライフを振り返ってみましょう。最初に，あなたはいつ走るのでしょうか。朝起きてすぐに走るランナーもいれば，仕事が終わり帰宅してから走るランナーもいるでしょう。その場合は，自宅周辺でコースをつくることになります。次に，どのようなシチュエーションで走るのでしょうか。仕事が終わり，職場の周りで走るランナーもいれば，帰宅途中に走るランナーもいます。この場合は，職場などで着替える場所を確保し，走るコースを見つける必要があります。通勤ランを楽しむランナーなら，どのようなルートが安全で走りやすいか考えることが大切です。

　着替えをする拠点（自宅や職場，あるいはランニングステーション）を決めたら，走るコースを考えます。気楽に走るにしろ，計画的にトレーニング

ランニングスタイルに合ったコースを見つけよう

するにしろ，いずれにしても自宅や着替えたところに戻らなければなりません。そのため，周回コースや往復コースを見つける必要があります。時間に余裕がある週末などは，電車やバスでどこかに出かけ，拠点まで走って戻るようなワンウェイのコースも良いですが，走り始めたばかりのランナーや走力に自信のないランナーにおすすめなのは，周回コースです。2～5km，時間にするとジョギングで10～30分くらいで1周できるコースがおすすめです。体調や走力に合わせて周回（走行距離）を調整し，トレーニングすることができます。ベテランランナーや走力が高いランナーなら，折り返しのコースやワンウェイのコースで時間走や距離走，LSDを行うと良いでしょう。

　コースづくりで注意したいのが，安全性です。車や自転車だけでなく，歩行者の通行量などを留意しておきたいところです。夕方から夜間にかけて走るランナーなら，電灯を含めた明るさがどのくらいあるのか，路面のデコボコなどはどうか，チェックを忘れないようにしましょう。

ビギナーは平坦なコース，慣れてきたらメリハリのあるコースを

　走り始めたばかりのランナーは，まずは平坦な場所で走ることをおすすめします。慣れてくると，走る時間は10分が20分になり，そして30分になります。30分走れるようになれば，体力がついてきた証拠です。そうなれば次のステップです。

　走力がついてくると，知らないところまで行ってみたり，長い時間走ってみたりしたくなります。そのような気持ちになったら，走る場所にメリハリをつけ，登り下りのあるコースにトライしてみましょう。

　最近，トレイルランニングに注目が集まり，遠方の山々まで足を運び，走ることを楽しむランナーが増えました。無理のないペースで，自分の思いのままに登り下りするのも楽しいものです。山や丘陵地がなくても構いません。まわりを見れば，長かったり短かったりとさまざまな坂道があると思います。その坂道を利用することで，コースのバリエーションを増やすことができるのです。

　海の近くにいるランナーも面白いコースをつくることができます。砂浜を利用すれば良いのです。シューズを履いていても構いませんが，思い切ってシューズを脱いでみましょう。五感を刺激するような感覚を，足の裏から感じることができるはずです。

2-6 走るのは食べる前？食べた後？

食事はタイミングが大切

　あなたは走る前に食べますか，それとも走った後に食べますか。それぞれの生活環境によって食事を摂るタイミングはさまざまですが，基本的には走る前でも走った後でも自分のスタイルに合った時間ならどちらでも問題はありません。ただし，食べてから走るまでの時間や走ってから食べるまでの時間は重要になりますので，自分の消化能力（消化時間）などを普段から把握しておきましょう。

1 走る前に食べる

　走る前に食べる場合は，走る2～3時間前には食べ終わるようにしましょう。消化時間には個人差がありますので，消化に時間がかかる人は3時間くらいあけた方が良いかもしれません。ただ，人によっては空腹だと走れないと思っている人もいます。そのような場合は，消化の良いもの，例えばゼリーなどを走る少し前にお腹に入れておくと良いでしょう。

　食べるものは，エネルギー源となる炭水化物を多めに摂ることをおすすめします。走る前の食事として避けたいものは，消化に時間がかかる脂っこいものです。ご飯はランナーにとって理想の食べ物だと言われ，海外のランナーたちにも大人気です。ご飯やパン，うどん，餅なども走る前の食事として最適です。

表2-4 食べ物の消化時間

食材（100g）	半熟卵	麦飯・白米粥	米飯	うどん	ビーフステーキ	バター（50g）
消化時間（胃内停滞時間）	1：30	1：45	2：15	2：45	4：15	12：00

2 走った後に食べる

では，走った後の食事のタイミングはいつ頃が良いのでしょうか。

走ることで，筋肉の線維には損傷が起こります。筋肉はタンパク質でできていますので，十分なタンパク質を摂ることをおすすめします。このタンパク質を摂るタイミングですが，トレーニング後30分以内が良いと言われています。また，トレーニング前，トレーニング直後，トレーニング2時間後にそれぞれ食事を摂った場合の，筋グリコーゲンの貯蔵量をみてみますと，図2-1のように運動直後に食事を摂った方が筋グリコーゲンの貯蔵量が多くなります。走った後に食べる場合は，タンパク質や糖質を含んだ食事を速やかに摂るようにしましょう。

しかし，長時間走った後や初心者のランナーは，走った後すぐには食欲が出ないことがあります。また，胃や腸なども疲労しているため，消化の悪いものを食べると吸収が悪く，かえって逆効果になることもあります。走った直後に消化の良いおにぎり（海苔は消化に時間がかかります）とプロテイン系の飲料などを摂り，落ち着いたらタンパク質や炭水化物の豊富なメニューの食事を摂るようにすると良いでしょう。

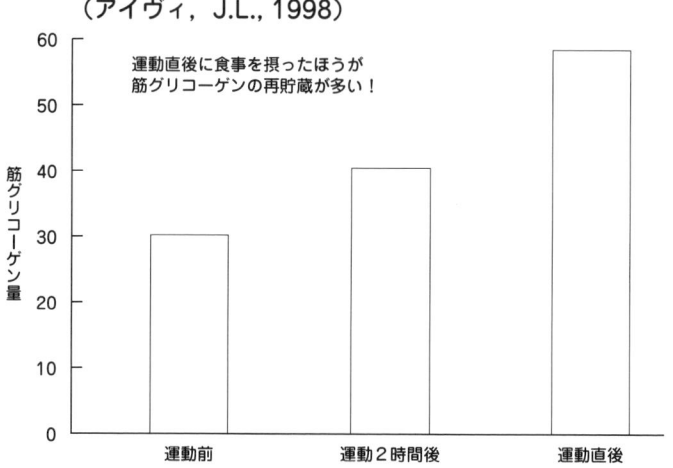

図2-1 食事のタイミングが筋グリコーゲン貯蔵に及ぼす影響（アイヴィ，J.L., 1998）

2-7 走りの足元 —シューズの選択法—

走ったことのない人から「走るって，他のスポーツに比べてお金がかからないでしょ」と言われることがあります。しかし，実際に走り始めてみると，シューズはもちろんのこと，ウェアは季節に合ったものが必要だとわかります。サングラスや時計などもランニング用のものが快適で，購入したくなるグッズが増えていきます。また，レースに出場しようと思えば，エントリー代が必要になります。さらに，ネット以外で情報を得ようとすれば，雑誌や書籍の購入にお金がかかります。こうしてみると，実はランニングはお金がかかるスポーツなのです。

日々の生活の中でランニングを楽しむためには，少なくともシューズやウェアを優先的に購入する必要があります。金額に幅がありますが，シューズは安いもので5,000円前後，機能の良いものだと10,000円以上の値段になります。ウェアは，上下それぞれ購入すればすぐに10,000円をこえてしまいます。そのため，すべてを一気に揃えるのではなく，走る習慣が身についてきてから時計などのグッズを少しずつ揃えるようにし，経済的な負担を小さくすると良いでしょう。

何はともあれ，シューズは贅沢に

これからランニングを始める人が最初に買うものと言えば，まっ先に思い浮かぶのがシューズです。シューズは，ソールが薄くて軽いものから，厚くて重いものまでバリエーションが豊富にあります。そこで，上手なシューズの選び方を紹介します。

シューズのラスト（シューズの裏の形）を見ると，幅の広いものと狭いものがあります。速いスピードで走ると，足裏の接地面積は小さく，狭くなります。また走力のあるランナーは，地面からの反発を感じやすいようにソールが薄いものを好みます。したがって速いランニングに適したシューズは，ラストが小さく軽量で，ソールが薄くなっているのです。こうしたつくりの

シューズをマラソンシューズ（あるいはレースシューズ），ランニングシューズと呼びます。その反対にゆっくり走ると，接地面積は大きく，幅広くなります。ソールも厚くなるため，シューズは重くなります。このつくりのシューズをジョギングシューズといいます。

　シューズの形や重さは，単にランニングスピードにかかわるだけではありません。特にマラソンシューズは，走力のある鍛えたランナーのためのシューズです。ビギナーやあまりトレーニングしていないランナーが履くと，ケガの原因になります。そのため，ビギナーやトレーニングが十分でないランナー，体重の多いランナーはジョギングシューズを，トレーニングを積んだ速く走るランナーはランニングシューズを，相当に鍛えられたランナーはレース用にマラソンシューズをというように，走力にあった選択が必要になるのです。

　シューズを選ぶポイントは走力だけではありません。シューズを履いた時に，足の形に合っていることが大切です。長い距離を走るようになると，いくらか足も大きくなります。そのため，つま先に1～1.5cmくらいの余裕があるものを選ぶことが大切です。

　シューズの購入にもコツがあります。足が大きくなるのは走った時だけではありません。朝よりも夕方になると足が大きくなります。そのため，シューズを購入するのは，午前中ではなく，夕方をおすすめします。最近のシューズの値段をみると，ジョギングシューズであれば8,000円前後のものが多く，ランニングシューズ，マラソンシューズであれば10,000円をこえる金額になります。決して安くはない値段ですが，専門のショップに行くと，丁寧にシューズ選びのアドバイスをしてくれますから，走力やトレーニングを含め，相談しながら購入すると良いでしょう。

●参考文献
・ランニング学会編（2001）今日からはじめる実践ランニング読本，山海堂

第3章
ランニングへの取り組み

3-1 取り組みの第一歩

　走り始めたばかりの頃,「最初は100m走るのがせいぜいだった」「走ることが苦しくて大変だった」という声を聞くことがあります。100mでばててしまった人やゼイゼイハァハァしていた人は, 気がつくと立派なランナーに成長していきます。しかし, そのためには少しばかりの意識改革が必要です。

　ランニングは, 酸素をたくさん吸って走る「有酸素運動」であり, 本来有酸素運動は, ゆっくりとした楽な運動です。マラソンレースで先頭集団にいるエリートランナーでも, やはり余裕を持って走っているのです。ところが, 走り始めたビギナーが陥りやすい罠は, あまりに一生懸命に走ろうとするために, 有酸素運動のレベルをこえて速く走ってしまうことなのです。そのため, ランニングに取り組み始めたランナーが最初に経験するのが「息苦しさ」だったりするのです。解決する方法はあります。まずは, 体を慣らすためにゆっくり走るようにしましょう。また, 一気に長い距離を走るのではなく, 短い距離を繰り返し走ることも有効です。始めのうちは, ゆっくりで構いませんから, 1000mを走るよりも, むしろ50mを20回走ったり, 100mを10回走ったりする方がおすすめです。

3-2 準備運動の重要性

　ランニングは，足で地面を蹴り，腕を振り，良い姿勢を保って走ります。つまりランニングは全身運動なのです。この時に，足や腕をそれぞれバラバラに動かしていたのでは効率よく走ることはできません。体全体をうまく使って走ることが大切です。例えば，走る時に中心になるのは脚部の筋肉ですが，腕をしっかりと振る（力を入れるのではありません）ことによって脚の動きは滑らかになります。また体幹部分をしっかり使うことで，安定したフォームになり，疲労しにくい走法になるのです。

　全身を使って走るには，全ての筋肉をほぐし，温める必要があり，そのために行うのが準備運動です。ところが，ジョギングのようにゆっくりとしたランニングでは，「準備運動をしなくても走ることができる」と思うランナーもいることでしょう。しかしそれは間違いです。準備運動とは，走るための準備をすることはもちろんですが，体をほぐすことでケガや障害を未然に防ぐことでもあるのです。準備運動には，4つの目的があります。走る動作そのものへの準備として①全身の体温を上げること，②呼吸循環系を準備すること。体の動きやフォームを滑らかにするために③全身の神経−筋の連携を確認すること。ケガや障害の予防として④筋肉や腱の疲労状況を確認することです。これから，それぞれの項目についてお話ししていきます。

全身の体温を上げること

　運動の前に体温を上げておく，とはどのようなことでしょうか。体を動かすことは，筋肉を収縮させることです。筋肉は収縮を繰り返すと熱を生み出すため，安静時に比べて体温が少し高くなるのです。実は，体温が高めの方が運動に関わるさまざまな身体機能が円滑に働くのです。

　気温の高い夏場は，体温を高めることをさほど意識する必要はありませんが，だからと言って，夏場に準備運動が必要ないわけではないのです。気をつけなければならないことは，発汗したことを準備完了の目安にしていると

危険だということです。夏場の発汗は，気温が高いために起こっているのですが，それを体の準備が整ったと錯覚してしまうのです。夏場では，体温を高めることよりも別の目的を大事にすべきです。

呼吸循環系の準備

　自動車はエンジンをかけてから，全速走行するまでには少し時間が必要ですが，人間の体も，すぐにフル稼働できないようになっています。走ることに重要な酸素運搬系＝呼吸循環系は，フル稼働までに時間がかかります。大気中の酸素を筋肉まで運ぶには，①呼吸によって肺に空気を取り込む，②酸素と二酸化炭素を交換し，酸素がヘモグロビンと結合する，③血液が全身を駆け巡り，筋に酸素を供給する，というプロセスがあります。このプロセスは，スイッチ1つで全体が円滑に稼働するわけではありません。準備が不十分だと，走り始めてから苦しさが襲ってくることがあるのです（これをデッドポイントといいます）。そのため，呼吸循環系が円滑に働くよう準備しておくことが大切です。具体的にはゆったりしたジョギングかやや強めのウォーキングを行うと良いでしょう。

「走る前の補強運動」のすすめ
―全身の神経－筋の連携を確認―

　筋肉は神経から命令を受けて活動します。そのため，準備運動ではランニングで使う筋肉をあらかじめ刺激し，活動する準備をすることも大切です。
　代表的なものを写真で示しました。ここで紹介するものは，もしかしたら補強運動かと思うかも知れません。その通り，これらは一般的には「筋力トレーニング」として行われています。言ってみれば，「走る前の補強運動」なのです。その目的は，普段はあまり意識して使っていない筋肉を刺激し，しっかり意識することで，他の筋肉群と連携してランニングに参加できるように準備することなのです。（写真3-1）
　「走る前の補強運動」には，気をつけなければならないこともあります。日頃使われていない筋肉は，慣れない動きで痛めることがあります。無理をしないように筋肉を動かすことを意識しましょう。

写真3-1 走る前の補強運動

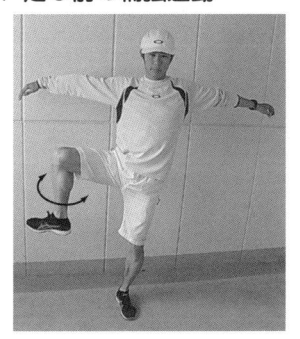

股関節を大きく動かす運動 　　　　　　　　股関節を大きく前後に動かす運動

直立姿勢を保ち，腸腰筋を意識したもも上げ運動 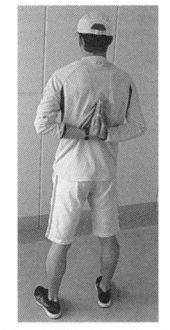　　　腕振りを意識した肩関節の運動

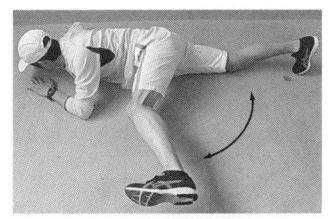

お尻を意識した補強運動 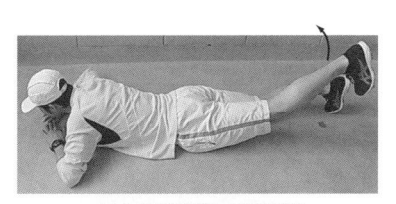　　　　　　　　太ももの裏を意識した補強運動

下腹部を意識した腹筋運動

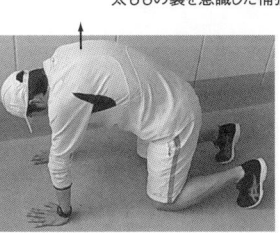

モデル：徳本一善

筋肉を意識して動かすことができるようになると，フォームが良くなる，走効率が良くなる，といった利点があります。ランニングでは，大腰筋やハムストリングスを使って走りますが，大腰筋やハムストリングスをしっかりと使わなくても長距離ランニングは可能です。本来動くはずの筋肉がしっかりと動かなくても，他の筋肉が少し余計に力を発揮することで，表面上は同じようなランニング動作ができてしまうことがあるのです（これを代償動作と言います）。本来動くはずの筋肉を上手に使って，良いフォームで走るために「走る前の補強運動」がおすすめなのです。

ストレッチングのポイント
―筋肉や腱の疲労状況をチェック―

　準備運動では全身の筋肉をゆっくり伸ばし，異常がないかチェックすることが大切です。そのために，さまざまなストレッチングがあります。例えば，膝を曲げれば太ももの前＝大腿四頭筋が伸ばされます。さらに，足を持ってかかとをお尻に近づけることで，より伸ばすことができます。大腿四頭筋を伸ばすのが目的ですから，無理にかかとをお尻につける必要はありません。伸ばされた時に，いつもより張りが強かったり，違和感があったりする場合は，筋が疲労しているか，僅かに損傷があると考えられます。

　理想的には，走り始める前に全身の筋肉をチェックすると良いのですが，時間的に難しいでしょうから，ポイントとなる筋肉を決めてチェックすると良いでしょう。代表的なものは，足部，下腿，大腿，股関節周辺，体幹部，肩関節周辺です。このうち，足部は，シューズを履いていてはうまくできませんので，シューズを履く前か，脱いで行うのが良いでしょう（写真3-2）。

クーリングダウン

　これまで，準備運動について述べてきましたが，ランニング後には必ずクーリングダウン＝整理運動を行うようにしましょう。練習中，体は一種の興奮状態にあるため，徐々に安静状態に近づけていく必要があります。その時には，使われた筋肉の疲労状態や，腱，関節などへの負担のかかり具合をチェックしておきましょう。

写真3-2 走る前のストレッチング

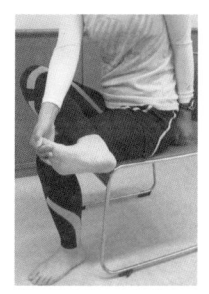

足底の筋肉
(足底筋膜など)

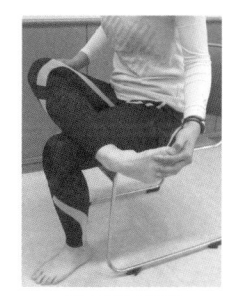

すねの前と足の甲
(前脛骨筋など)

太ももと股関節の前側
(腸腰筋・大腿四頭筋など)

太ももの裏側（ハムストリングなど）
※膝の角度によって伸びる部位が変わる。

股関節の内側
(内転筋など)

ふくらはぎの上部
(主に腓腹筋)

ふくらはぎの下部
(主にヒラメ筋)

腰背部（広背筋など）

47

3-3 トレーニングを続けるコツ

　毎日のトレーニングを同じように行っても，体が受ける影響はその日の体調によって異なります。疲労しているところがあれば，その部分には強い負担がかかっているのです。前日までのトレーニングによる筋肉痛が残っていることもあるでしょう。筋肉痛があれば，その部分をカバーするために周りの筋肉が必要以上に負担を強いられることになるのです。時には，体に負担を強いることが必要な時もありますが，ランニングを楽しむという観点からすれば無理のないトレーニングを行いたいものです。

　トレーニングを計画する時に大事なポイントは，走るスピード（トレーニング強度）と走行距離（トレーニング量）です。どちらも行きすぎれば，必ず体のどこかが負担を感じるはずです。そこでトレーニングを上手に行うための提案をしたいと思います。

　自分自身の生活時間から，トレーニングに費やせる時間があるのはどのくらいなのか，集中して割けるのはいつなのか，考えてみましょう。市民ランナーの多くは，週末にトレーニングをする時間が集中してしまうケースも多いと思います。トレーニングをする時間がつくれる時に，良いトレーニングをすることが１つめのポイントです。

　次に，考えていたトレーニングを計画通りに行うことも大事ですが，その時の体調を考え，適宜，トレーニングの質や量を変えましょう。具体的には，予定した距離や走ペースを体調に合わせて変化させることです。「体の声を聞く」ということですが，意外と難しいものです。一般的に，ランニングに取り組む方は，真面目な方が多く，「計画通りに物事を進めなければ」と考えがちで，体の内部の違和感より，計画通り練習を遂行することを優先させてしまうことが多いのです。もし体調が不十分なら，練習そのものをやめてしまうか，軽めのジョギングにしたりすることも重要です。

　さらに，健康のために走っているランナーは，１日の練習の中で「あと少し」と思ったら，そこで止めることをおすすめします。そのような時には，

自分が思っている以上に，体の一部にストレスがかかっているのです。早く終わって欲しいからこそ，「あと少し」と感じるのです。練習の質や量が計画を下回っても，実際のところトレーニング効果が大きく下がることは少ないものです。一方で，頑張りすぎた場合は，ダメージが大きく残ります。トレーニングは，自分の現状に応じた強度と量で行うようにしましょう。

無理をせず楽しく走ることが大切

3-4 日常のケアとトレーニング

　これまで，1日1日の練習をしっかり行うために，その日の体調をチェックし，走るために準備運動を行うこと，また，走った後にはクーリングダウンを行うことの必要性とその具体的方法をお示ししてきましたが，走らない日も含めて日常的なケアの方法を紹介していきます。

　日常生活では，体の一部しか使いません。例えば，歩行は両脚で行っていますが，両脚均等に使っているわけではありません。どうしても，使い方に左右差が出ます。これが長い年月を経ると，多くの人で体にアンバランスが生じます。走る時にも，左右均等に脚を使うことは，まず不可能です。また，左右差だけでなく，膝を曲げる筋肉と膝を伸ばす筋肉の筋力バランスも狂ってきます。さらに，太ももの内側と外側の筋肉のバランスや，太ももとふくらはぎの筋肉のバランスなども，その人の動きの癖でずれてきている場合が少なくないのです。筋力だけでなく，筋の硬さも同時にアンバランスになってきています。そして，それをそのままにしておくと，フォームが徐々にくずれ，やがてはランニング障害につながるケースが少なくないのです。そのため，これを徐々に回復させる必要があります。

　そこで，体のチェックの例をいくつか紹介します。（写真3-3）これらの方法を使って，体の硬さや筋力をチェックし，問題点を明らかにしましょう。

　そして，それらの問題点を改善していくのに，おすすめなのがスローエクササイズとスローストレッチです。できる限りゆっくりと僅かな力で脚などを動かします。大きな力で速く動かそうとすると，周辺の筋が肩代わりしてしまいます。ここでは代表的なものをいくつか紹介します。（写真3-4）

　これらの運動はできるだけ楽なポーズを選ぶことが大切です。例えば，前後に開脚して行うスプリットスクワットでは，下肢の多くの筋群が使われるのですが，その人の筋の強さや弱さ，硬さや柔らかさによって負担のかかり方が異なります。そこで，姿勢を少しずつ変えて，楽なポーズを選びます。姿勢を変えれば，負担のかかる部位も変わります。それを繰り返す中で，弱

い筋肉，硬い筋肉を見つけ，知らず知らずにそれらをかばっていた動きの癖に気づくことができます。このチェックを丁寧に行うことで，弱い筋肉には刺激になり，硬い筋肉は適度にほぐれることになるので動きの癖が是正されていきます。

写真3-3 筋力のバランスと筋肉の硬さのチェック

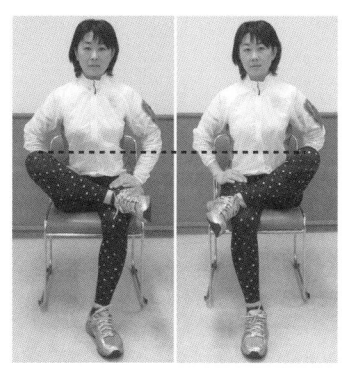

膝の高さによって股関節周辺の硬さをチェック
　（右の写真では，膝の位置が高く，左股関節周辺が硬いことがわかる。）

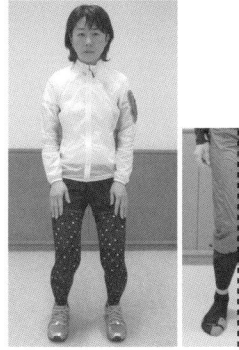

立位姿勢で，軽く膝を曲げた時に膝がまっすぐ前に出るかをチェック
　（右の写真では，右膝が内側に入っており，左右差が生じている。）

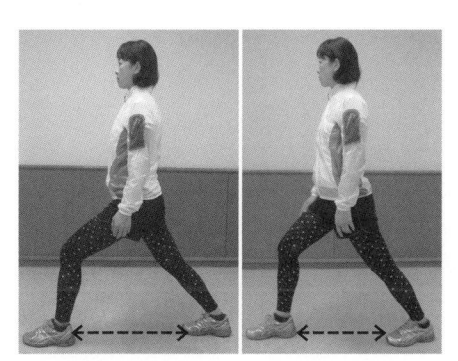

前後の脚の開き具合でふくらはぎの張りをチェック
　（右の写真では，脚の開きが小さく，後ろの脚のふくらはぎが硬いことがわかる。）

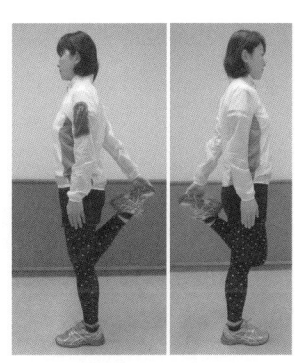

曲げた脚の膝の位置をチェック
　（右の写真は，膝が前に出ており，左の太ももが硬いことがわかる。）

写真3-3 筋力のバランスと筋肉の硬さのチェック

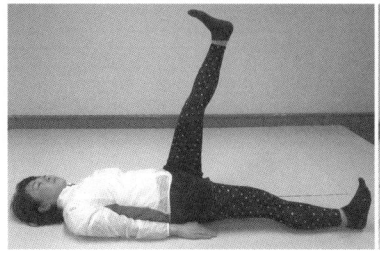

膝を伸ばして脚を上げた時の脚の上がり具合で，太ももの裏側の硬さをチェック
（右の写真では，脚が高く上がっておらず，太ももの裏側が硬いことがわかる。）

片脚をクロスさせることで，上げた方の腰周辺の硬さをチェック

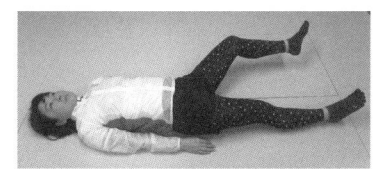

片方の膝を曲げて外側に開くことで太ももの内側（内転筋など）の硬さをチェック

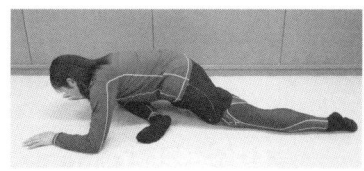

片方の膝を曲げて上体を被せるようにすることで腰や股関節周辺の硬さをチェック
（膝の曲げ具合や上体の位置を変えることで張りを感じる部位が変わることを確認する。）

写真3-4 スローエクササイズとスローストレッチ

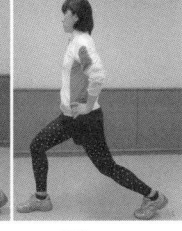

脚を前後に開いたスクワット運動
ゆっくり行うことで，普段使われていない脚の筋肉を刺激する。

腕立て姿勢で足踏み運動
膝を曲げ，足踏みするように膝を前後に動かす。体を支えることで体幹の筋肉を刺激する。

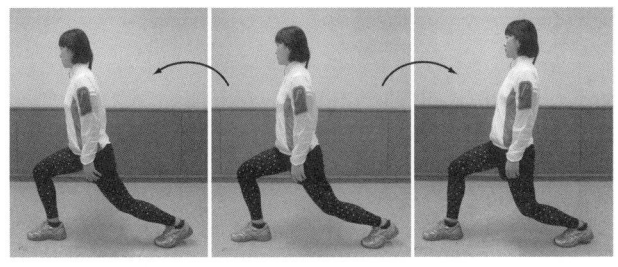

脚を前後に開いて上体の前後運動
膝の前後位置を調整しながら，最も無理のない姿勢を探す。

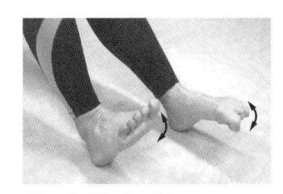

足指の曲げ伸ばし運動
足指がしっかり使えるかをチェックする。

かかと上げ運動
前足部，足指全体，足指を使って体を支えながら，徐々にかかとを上げる。この時，脚全体（お尻まで）を刺激できているかチェックする。

足首の曲げ伸ばし運動
足首の曲がり具合や母指側，小指側が同時に動くかをチェックする。

第3章　ランニングへの取り組み

3-5　マナーと危険への備え

　ランニングは1人で取り組むことができるのが利点ですが，1人で始めると，重要なマナーに気づかない場合も少なくありません。そこで，ここでは，1人で走る場合と集団で走る場合のマナーを確認しておきましょう。

個人練習でのマナー

　まず，走る場所に応じたマナーがあります。陸上競技場で走る場合は，原則として左回り，インターバル練習などタイムを計測しながら練習している人がいたら，その人に走路をゆずる，などが基本的なマナーです。人数が少ない場合は，右回りで走っても構いませんが，混雑している場合は左回りが原則です。いずれにしても陸上競技場にいる人は，走るために来ているので，基本的なマナーを守っていれば，他の人とトラブルになる可能性は少ないものです。

　一方，一般道路や公園で走る場合は，走らない人への配慮が必要です。道路では，歩行者に迷惑にならないよう細心の注意が必要です。たとえば，ランナーに人気の皇居周回コースはあくまでも「歩道」ですので，歩行者を優先し，不快感を与えないような心配りが求められます。道路によっては，自転車や自動車への配慮も必要になります。夜間に目立ちにくい服装で走ったり，急に進路変更したりすると，自転車に乗っている人や自動車を運転している人に不安を与え，事故を誘発しかねません。同時に，それは自分がケガをすることにもつながります。また，公園などを走る場合は，さまざまな人への配慮が必要です。乳幼児を連れている人，高齢者，読書を楽しんでいる人，絵を描いている人，お弁当を広げている人，などなど。いずれも，ランナーが近くに来れば，不快を感じる場合が少なくありません。

　さらに，意外と見落とされがちなのが，「着替え」の問題です。ランナーは，公園の木陰や，建物の陰，トイレの中などで着替えることが少なくありません。この場合，大事なのは「自分が見られるかどうか」ではなく，「見

てしまった方が不快を感じるかどうか」ということです。自分が見られても気にならないということと，見てしまった人が不快と思うかどうかは全く別問題です。「着替え」という行為を不快に感じる人がいるという前提で行動しましょう。

集団練習でのマナー

　集団で練習する場合は，まずは大きな輪を作らないようにしましょう。中学・高校の部活動で準備運動を行う時，大きな円を作って行うケースが多いのですが，ランナーのグループもそれをそのまま行うケースがしばしば見られます。学校のグラウンドなら問題ありませんが，公園などでは，他の利用者からすれば大きなスペースを占有していると見えます。他の利用者がいなければ問題になりませんし，直接的に迷惑をかけることは少ないのですが，走らない人から見れば，「わがもの顔で広い場所を占有している」と見えるのです。

　また，走る時には，横に広がらないことが原則です。さらに，人とすれ違ったり，後ろから追い抜いたりする場合は，片方を通過することとし，人を両側から挟まないようにするのが良いでしょう。

危険への備え

　自転車や自動車との接触で交通事故にならないよう配慮しなければならないことは先に述べたとおりです。しかし，万一の事故に備え，自分が誰であるか，誰に連絡すれば良いかという情報を身につけておいた方が良いでしょう。つまり，自分の氏名，血液型，緊急時の連絡電話番号です。もちろん，自分自身の携帯電話番号は意味がありませんので，家族もしくは極めて親しい知人の電話番号が分かるようにしておきましょう。

　また，盗難対策と暴漢対策も必要です。ランナーは，公園や道路で走る時，着替えや荷物を置いたまま走ることが少なくありませんが，盗難事故には，十分に気をつけましょう。最悪の場合，置いた荷物や着替えがすべてなくなっても，帰宅が可能か考えておきましょう。最近は，公衆電話が少ないので，テレホンカードや小銭では用をなさないことがあります。着替えがな

い時，走る服装のままで自宅までたどり着けるのかも考えておくと良いでしょう。

　また，特に女性ランナーは暴漢対策も重要です。万一の場合，逃げ込める場所があるコースを選びましょう。安全面から考えると，常に同じ時間帯に同じコースを走るのは避けた方が良いでしょう。

第4章
ランニングは健康の指南役

4-1 ランニングは有酸素運動 —酸素を吸うことの大切さ—

　車が動くにはガソリンが必要です。これと同じようにヒトがランニングなどの運動を行う時にはエネルギーが必要になります。われわれが毎日ご飯を食べるのもエネルギーをつくるために必要だからです。それでは，ヒトが運動する際のエネルギー源は何でしょうか。それは，アデノシン三リン酸（ATP）と呼ばれる物質です。

　ATPはアデノシンと呼ばれる物質にリン酸基が3つ結合しており，ATPを分解する分解酵素の働きによってリン酸基が外れます。ATPからリン酸基が外れる際に放出されるエネルギーがランニングなどの運動時のエネルギーとして利用されています。このATPは体に蓄えることができれば良いのですが，残念ながらほとんど体に蓄えることができません。そのため，ヒトはATPを分解する一方で，その合成を絶えず行わなければなりません（図4-1）。

　では，ヒトはエネルギーの源となるATPをどのようにして合成しているのでしょうか。ここでは，運動をしている際にどのようにATPが合成されているかについてみてみます。ATPはATPからリン酸基が外れたアデノシン二リン酸（ADP）やアデノシン一リン酸（AMP）にリン酸基が結合することにより合成されます。そして，その合成には3つのシステムがあります。

　第1のシステムは，体内に蓄えられているクレアチンリン酸（PCr）をクレアチンとリン酸に分解してATPを合成するシステムです。このシステムは体内にあるクレアチンリン酸を分解するため，すぐにATPを合成することができます。しかし，ヒトの体内に蓄えられているクレアチンリン酸の量もATPの4〜5倍程度と限られています。そのため，運動中にはクレアチンリン酸の分解だけではATPの合成はまかないきれず，他の2つのエネルギー供給システムによるATPの合成が必要になります。

　2つ目のシステムは，体に蓄えられているグリコーゲンを分解する過程で

図4-1 ATP の分解によるエネルギー供給の概念図

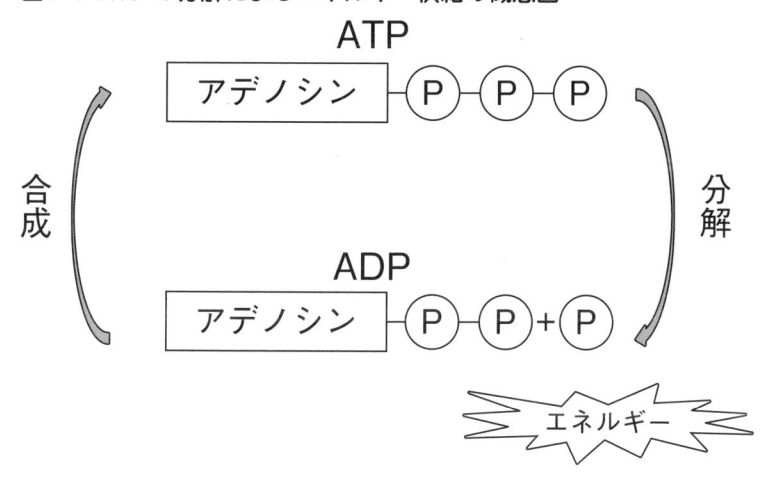

ATP
アデノシン －P－P－P

合成　　　　　　　　　　　　　分解

ADP
アデノシン －P－P＋P

エネルギー

　ATP を合成する解糖系です。解糖系ではグリコーゲンがピルビン酸に分解される過程で ATP が合成されます。グリコーゲンの分解で生成されるピルビン酸は，さらに細胞質内のミトコンドリア内で酸化され，ATP が合成されます。しかし，ミトコンドリアで酸化できる量には限りがあるため，過剰なピルビン酸は細胞質内にある乳酸脱水素酵素の働きにより乳酸になります。つまり，短時間で解糖系によるエネルギー供給が高まると血中の乳酸濃度が増加することになります。したがって，血液中の乳酸濃度は解糖系によるエネルギー供給の指標になります。乳酸がたまると脚の動きが悪くなり，スピードダウンにつながります。そのため，できるだけ乳酸をためないように走るには，次の酸化系によるエネルギー産生が重要です。

　3つ目のシステムは酸化系であり，この酸化系の反応（酸化的リン酸化反応）は先ほども話に出てきたミトコンドリア内で行われます。ミトコンドリアは「エネルギー産生工場」と呼ばれるように多くの ATP を合成することが可能です。ミトコンドリアは遅筋線維に多く，寝ている間も休むことなく動き続ける心筋もミトコンドリアを非常に多く含んでいます。ミトコンドリアでは，エネルギーを作り出すために酸素を使います。この酸素は，呼吸によって肺から取り入れられ，毛細血管によって運ばれていきます。ですか

ら，毛細血管や遅筋線維が発達しているランナーは，酸素を運ぶルートをたくさん持っており，その先には豊富なミトコンドリアという工場が立ち並んでいることになるため，たくさんのエネルギーを作り出す環境が整っていると言えます。酸化系では，解糖系により生成されたピルビン酸，脂肪，タンパク質をもとにしてATPが合成されます。酸化系のATP合成は，TCA回路（クレブス回路）という過程とそれに続く電子伝達系で行われます。

　運動中には，上記の3つのシステムが協調して働くことによりATPの合成を続けていますが，酸化系は圧倒的に多くのATPを合成するシステムであり，エネルギー供給の主役であると言えます。ジョギングのような有酸素運動では，酸素を使ったエネルギー供給が中心的な役割を果たしています。

　ここで，われわれの体内にどれだけのエネルギー源が貯蔵されている量を考えてみましょう。個人差はありますが，骨格筋に蓄えられているグリコーゲンは1,500kcal程度，肝臓には500kcal程度と考えられています。それに対して体重70kg，体脂肪率が20%の人を考えてみると，体内に14,000gの脂肪組織があることになります。脂肪組織1gが約7kcalのエネルギーを供給できるとすると，7kcal×14,000g=98,000kcal分の潜在的なエネルギー源があることになります。実際に有酸素運動を行っても，運動する際のエネルギー供給が脂肪の分解だけをもとにしている訳ではありませんが，エネルギー供給という観点からみても，われわれが長時間ジョギングを続けることができる理由がよくわかります。酸素を吸っている限り酸化系がエネルギー供給の主役であることを考えると，健康な体を維持する目的であれ，レースの記録を伸ばす目的であれ，運動中に酸素を取り込むことがいかに重要かご理解いただけると思います。

4-2 究極のダイエットがランニング

　体重が増えると「嫌だな，また太っちゃった…」と考えがちです。数日の短期的な変化であれば脂肪がついたとは言えませんが，数ヶ月ともなると間違いなくその犯人は脂肪と言えるでしょう。

　例えば，3日で体重が2kg増えたとします。体の脂肪組織1gの熱量は約7kcalなので，もしその犯人がすべて脂肪だとすると14,000kcalを貯蔵したことになります。これは，1日当たり約5,000kcal弱の食事を余分に摂った計算となり，通常の生活を送っている成人男子2日分の食事量に相当します。つまり，通常の3倍の食事を3日間摂り続けたことになります。こんなケースはあまり現実的ではないとすぐにお分かりいただけると思います。

　実際，20歳代の健常人8名に普段の食事より余分に1,500kcalを3日間摂り続けるとどうなるか実験してみました。過食前後で体重は平均830g増加しましたが，脂肪の変化は平均約50gであり，増加分の90％以上が脂肪以外という結果となりました（図4-2）。また，私たちは，標識水を用いた実験により，一時的に増加したものは水分であることも明らかにしました。

図4-2　1回1,500kcalを3日間連続で余分に摂取した場合の体重の変化とその内訳

過食後は平均で約830gの体重の増加が認められたが，脂肪量の増加は約50gで，増加分のほとんどが水分であると考えられる。
（福岡大学スポーツ科学部運動生理学研究室未発表データ）

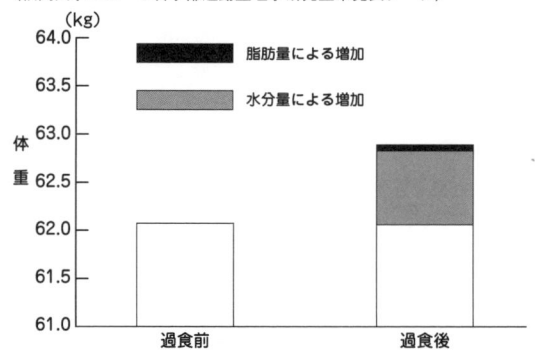

一方，3日ではなく3ヶ月で2kgの体重が増えたとします。90日で14,000kcalとなるので，1日当たりで計算すると，約160kcalを余分に摂ったことになります。これは，バナナ2本，あるいはおにぎり1個のカロリーに相当します。これぐらいなら食べすぎている可能性は十分考えられます。

では，賢くダイエットする方法はないものでしょうか。巷には，「これを食べるとダイエット効果抜群」といった宣伝が見られます。食べるものにはカロリーがあるわけで，食べて痩せるなんて，そんなに都合の良い話はありません。体重は，食事で摂取したカロリーと運動などで消費したカロリーのバランスで決まります（図4-3）。消費が摂取を上回ると体重は減り，逆に摂取が消費を上回ると体重は増加するわけです。いかに消費を増やすかがダイエットの鍵となります。消費を増やす方法として，いつでも誰でも気軽にできそうなのがウォーキングやランニングでしょう。最近ではスロージョギングも注目されています。

スロージョギングを含むランニングは，同じ距離ならウォーキングに比べ2倍のエネルギーを消費します。ところで，速く走るとエネルギーをたくさん使うと考えがちですが，実は，エネルギー消費は，スピードに関係なく，走行距離に比例します。1km走れば，体重1kg当たり1kcal消費します。

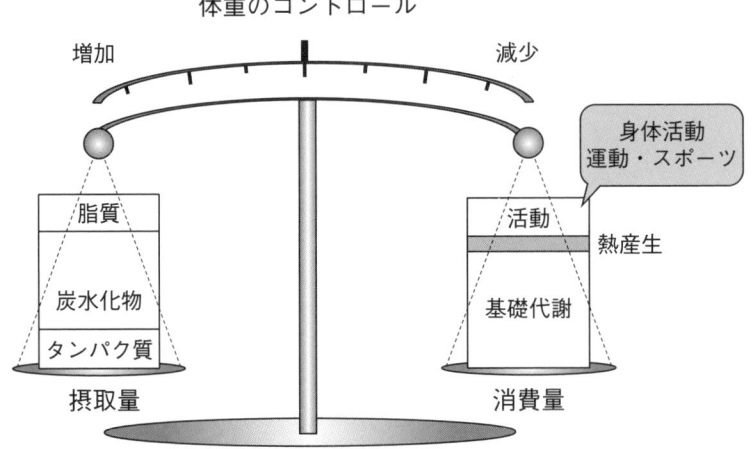

図4-3 体重コントロールとエネルギー出納のバランスの関係
体重のコントロール

先に，1日160kcal余分に摂取すると3ヶ月で体重が2kg増えることを説明しました。逆に言えば，1日160kcalを余分に消費すると3ヶ月で2kgの減量に成功することになります。160kcalを消費するには，体重78kgの人であれば約2kmをゆっくり走って約20分になります。半年で2kgの減量ならば，1日おきにランニングを実行することで成功することになります。

最近では，1日に2回トレーニングすることで，エネルギー代謝量が増加することもわかっています（図4-4）。トレーニングをしない場合，1日に1回（15時15分〜16時30分）トレーニングをする場合，1日に2回（11時〜12時15分，15時15分〜16時30分）する場合を比較すると，2回のトレーニングを実施した場合では，1回のトレーニングに比べエネルギー消費の効果が2倍になっていました。皆さんも経験があることと思いますが，運動後はしばらくの間，体がポカポカして熱を余分に産生しています。これを運動後余剰エネルギー産生（EPOC：エポック）と言います。分割トレーニングでこまめに代謝を上げて，賢く減量することもできそうです。

図4-4 トレーニング回数の違いがエネルギー代謝の亢進に及ぼす影響

トレーニングは，50%最大酸素摂取量強度で10分のウォーミングアップを行った後，75%最大酸素摂取量強度で65分の運動を実施した。1日に2回のトレーニングを行うと，運動後のエネルギー消費量が2倍となり，その効果は翌日まで続いている。

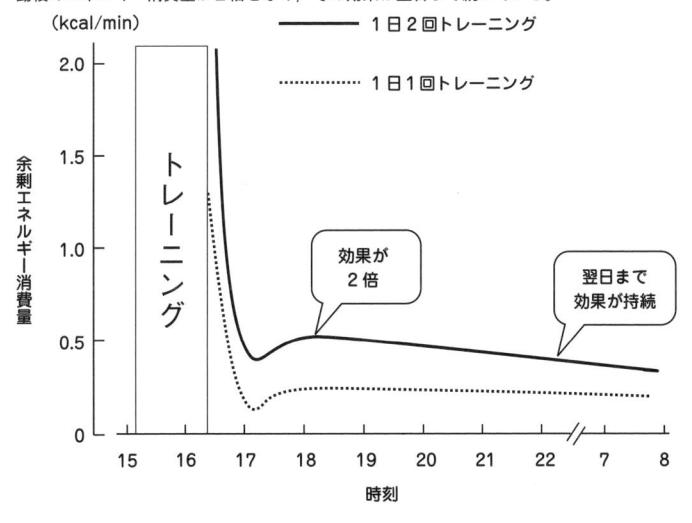

4-3　走ることは快楽だ　―脳がよろこぶランニング―

　本書を手に取っている皆さんは，習慣的に運動を行っている方，あるいはこれから始めようとしている方が多いことでしょう。中には，かつてはジョギングをしていたが，最近はやめてしまったという方もいるかもしれません。いずれにしても，適度な運動が経験的に「心地良い」「体に良い」ということを知っておられることでしょう。

　運動を続けるモチベーションは人それぞれでしょうが，健康の維持，体重の減少などをあげる人も多いはずです。また，走った後の爽快感や一杯のビールを楽しんでいる人もいるかもしれません。近年の研究から，運動が体だけでなく，脳にも有益な効果をもたらすことが次々に発表されています。

　これまでに動物を用いた実験で，運動を行うことにより脳の中で記憶を司る海馬という部位で神経細胞が新しく生まれることが明らかにされています。従来，「脳の神経細胞は加齢とともに減少する」などと言われていましたが，実際には運動により新しい神経細胞を生み出すことができると言えます。さらに，運動により脳由来神経成長因子（BDNF）が増えることが知られています。ヒトでも3ヶ月間持久的トレーニングをした群は，トレーニングを行わなかった群と比較して安静時に脳から放出されるBDNFの量が多いことが示されています（図4-5）。BDNFとは新生神経細胞の生存や成長を促進する働きを持つタンパク質です。BDNFが豊富にあると，ストレスホルモンであるコルチゾールの分泌量が減少することも知られています。つまり，ストレスに強くなる，あるいはストレスと上手に付き合えるようになると言って良いでしょう。

　また，運動がヒトの認知機能を向上させるという研究結果も数多くあります。これは長期間にわたる運動だけでなく，1回の運動でもみられるようです。なぜ運動が認知機能を高めるのかについてはいろいろな要因が考えられていますが，現時点では上で述べた神経細胞の増加，アセチルコリンなどの神経伝達物質の増加，脳の血流の増加，脳の容積の拡大などが関係している

と考えられています。運動が認知機能に有益な効果を与えることから，運動が認知症やアルツハイマー病などの予防にも効果をもたらすことが期待されています。また，運動は精神的ストレスを軽減するだけでなく，うつ病に効果がある可能性も示唆されています。近年，海馬が記憶を司るだけでなく感情機能とも関係が深いことが示唆されており，このことが精神的ストレスやうつ病を軽減する効果と関係しているのかもしれません。

　ただし，ここで紹介した動物実験の結果がそのままヒトにも当てはまるとは言い切れません。また，ヒトを対象にした研究でも因果関係が明らかでないことがまだまだ大多数です。なぜ運動が脳に有益な効果をもたらすかについてはさらなる研究結果を待たなければいけませんが，適度な運動が脳に有益な効果をもたらすことには異論はないでしょう。ランニングをする際の運動指令を下しているのはわれわれの脳ですが，ランニングをすることによりその運動指令の起源である脳そのものを活性化することができることを考えれば，脳はランニングをしたくて仕方がないのかもしれません。脳にとって適度なランニングは苦痛ではなく快楽です。ランニングで脳を喜ばせましょう。

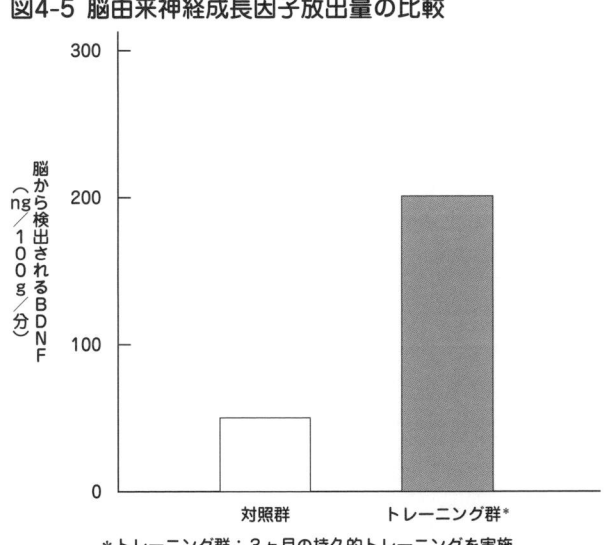

図4-5 脳由来神経成長因子放出量の比較

縦軸：脳から検出されるBDNF（ng／100g／分）

対照群：約50
トレーニング群*：約200

＊トレーニング群：3ヶ月の持久的トレーニングを実施

4-4 ランニングと寿命

　体をよく動かす人は，動かさない人に比べ，心臓病，糖尿病，高血圧，脂質異常症といった生活習慣病にかかるリスクが低いと言われています。1950年代に英国のモリス先生が，2階建てバスの運転手と車掌の心臓病発症率を比較したところ，運転手の発症率が車掌に比べ高いという結果を報告しました（図4-6）。モリス先生は，車掌がお客さんの切符を切るために動き回っているのに対して，運転手はじっと座ったままであることから，心臓病と身体活動には関係がありそうだ，と結論付けました。

　その後，運動に関する疫学研究で顕著な功績をあげたパッフェンバーガー先生は，よく活動する人は寿命が長いことを証明し，自身も45歳からランニングを始め，150回以上のマラソンを完走しました。1992年，先生が70歳で福岡シティマラソンに参加されたとき，「両親と兄弟の中で一番長生きなのはランニングのおかげだ」と言われていました。研究成果を自らの経験でも証明されたと言って良いでしょう。

　さて，ランニングを始める時期に遅すぎることはないようです。2009年の

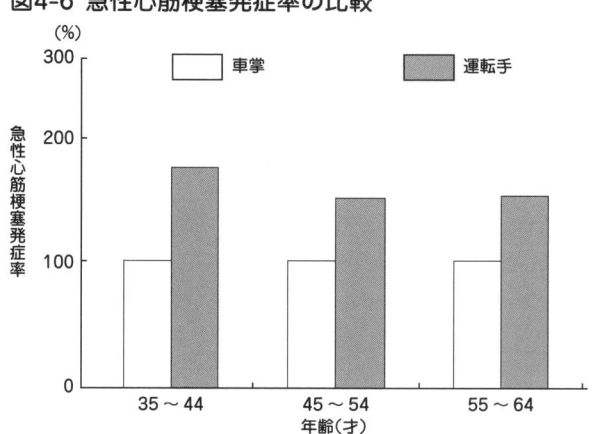

図4-6 急性心筋梗塞発症率の比較

英国医師会誌にスウェーデンの研究者らが，日頃からよく運動する人は，運動習慣のない人に比べて死亡率が低く，50歳から運動を始めても余命が延びることを報告しました。50歳から60歳の間に運動を始めた人を10年間追跡して調査したところ，死亡率は半分になり，ずっと運動習慣がある人とほぼ同レベルになったのです。逆に運動をやめてしまった人はもともと運動をしない人と同レベルまで上がりました（図4-7）。50歳からの余命を比較すると，とてもよく動く人は全く運動習慣のない人に比べて2，3年長いという結果も出ています。また，60歳から運動を始めても50歳代から始めた人と同じ効果が認められるため，運動の恩恵を得るためには，開始年齢ではなく継続することが重要であると言えます。

　では，どうして運動することと寿命が関係しているのでしょう。日本人男性を対象とした澤田亨先生の調査では，有酸素能力（推定最大酸素摂取量で評価）との関係が示されています（図4-8）。体力にはいくつかの要素がありますが，持久力あるいはスタミナを意味する有酸素能力によってグループ分けしたところ，有酸素能力が高くなるにつれ死亡のリスクは低くなりました。また，米国クーパークリニックのブレア先生は，死亡率が最も低くなる

図4-7 50歳から60歳の間に運動を始めた人の10年後の死亡リスク

それぞれの棒グラフは，左から50歳から60歳にかけての活動レベルについて，高値維持群(高→高)，増加群(低→高)，減少群(高→低)，低値維持群(低→低)の総死亡リスクを表す。活動レベルの増加群(低→高)は，総死亡のリスクが低く，逆に活動レベルの減少群(高→低)は総死亡のリスクが高くなっている。

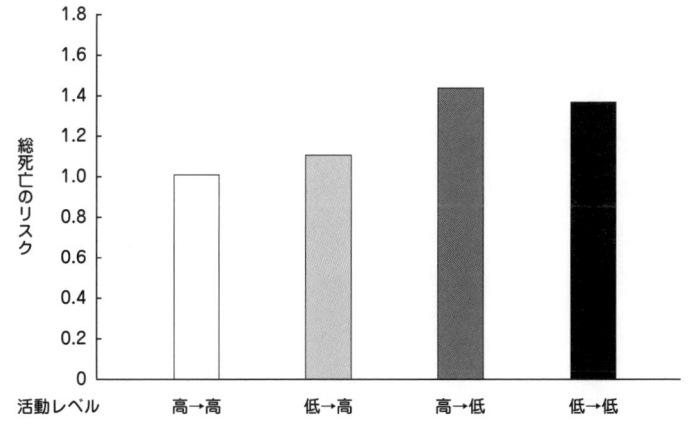

図4-8 有酸素能力と総死亡のリスク

男性9,986人を対象に平均14年間追跡。総死亡のリスクは、有酸素能力の最も低い群（低い）を基準に有酸素能力が高くなるにつれて死亡のリスクが下がっている。

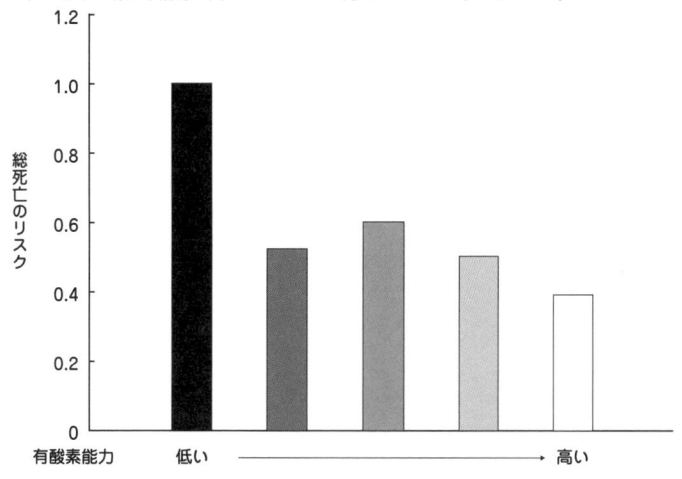

最大酸素摂取量は，男性で35ml／kg／min，女性で31.5ml／kg／minと算出しています。ダニエル先生が示した最大酸素摂取量とフルマラソン記録の関係をもとに，これらの数値をフルマラソンの1km当たりのペースに置き換えると，男性6分8秒（4時間19分で完走），女性6分38秒（4時間40分で完走）に相当します。あくまでも試算ですが，フルマラソンの経験のある方は，自分の記録と照らし合わせてみてください。記録が伸び，これらの記録に近づくにつれて死亡のリスクが徐々に下がることになります。

平成21年の人口動態統計によると，日本人の3大死因はがん，心疾患，脳血管疾患です。死亡総数に占めるがんの割合は30％をこえており，3人に1人ががんで亡くなる時代を迎えました。最近では，運動が大腸がんのリスクを確実に下げ，また乳がんのリスクを下げる可能性が大きいことがわかってきました。先に，運動が心疾患のリスクを下げることを述べましたが，どうやら一部のがんの予防にも運動が効果的であると言えます。

皆さんは，ただ単に寿命が延びるのではなく，元気で長生きすることを望んでいることでしょう。楽しく賢くランニングを継続することは，健康寿命を延伸するひとつの手段と言えます。きっとそこには，新しい発見や出会い

があるに違いありません。

●参考文献
- Ronsen O et al. (2004) Residual effects of prior exercise and recovery on subsequent exercise-induced metabolic responses. Eur J Appl Physiol 92：498-507
- Seifert et al. (2010) Endurance training enhances BDNF release from the human brain. Am J Physiol 298：372-377
- Morris J.(1996) Exercise versus heart attack. In：Mester J(ed.). Health Promotion and Physical Activity. Germany：Club of Colongne, 96-106.
- Byberg L et al. (2009) Total mortality after changes in leisure time physical activity in 50 year old men：35 year follow-up of population based cohort. BMJ, 338, 1-8.
- 澤田享，武藤孝司（1999）日本人男性における有酸素能力と生命予後に関する縦断的研究，日本公衆衛生学雑誌，46（2），113-119
- Blair SN et al. (1989) Physical fitness and all-cause mortality. A prospective study of healthy men and women. JAMA, 262（17），2395-2401
- Daniels J. (1998) Daniels, Running Formula, 32-124, Human Kinetics,
- 久恒辰博（2010）なぜ，歩くと脳は老いにくいのか，PHPサイエンスワールド新書

第5章

知っておきたい大事なこと

第5章 知っておきたい大事なこと

5-1　レースで起きるアクシデント
　　　　―原因はさまざま―

　スポーツは楽しいものである一方で，残念ながら，何らかのアクシデントがつきものです。マラソンレースも例外ではありません。しかし，アクシデントの原因が正しく理解されていれば，その対策も立てられます。ここでは，マラソンレース中のアクシデントの原因とその対策を考えてみます。

虚脱（コラップス）

　レース中，ランナーの足取りがおぼつかなくなりフラフラの状態になるアクシデントを見かけることがあります。一般市民ランナーはもとより，トップランナーに起こることもめずらしくありません。古くは，1954年カナダ・バンクーバーにおいて開催された英連邦大会のマラソンの事例があります。イギリスのジム・ピータース選手は後続を1マイル以上離し，トップでスタジアムに入ったのですが，すでに迷走状態で，何度も倒れながら這うようにして進むような状態でした。ゴールまで200mを残し，ついに完走を果たせず収容されることになり，歴史に残る事故例として記憶されることになります。オリンピックのマラソンでは，スイスのガブリエラ・アンデルセン選手のアクシデントが衝撃的でした。1984年，オリンピック史上初めて女子のマラソンが行われたロサンゼルス大会でのことで，やはりフラフラと蛇行しながら歩くのが精一杯でしたが，このときは何とかゴールしています。わが国では，北京オリンピック代表選考を兼ねた2008年大阪国際女子マラソンでの福士加代子選手の例が記憶に新しいところです。また箱根駅伝においても，ブレーキと呼ばれるアクシデントが起こり，時には走行不能となって棄権を余儀なくされる例もあります。

　これらのアクシデントの原因は必ずしも明らかにされていませんが，テレビや新聞はその原因を一律に「脱水」と報じることが多いようです。しかし，これは必ずしも正しいとは言えません。マラソンなど長時間運動時においてフラフラになり，正常なランニングができなくなってしまった状態を英

虚脱(コラップス)の一例

1984年ロサンゼルスオリンピック
女子マラソン　ガブリエラ・アンデルセン選手

語ではCollapse(コラップス),日本語では「虚脱」と総称しています。重要なことは,一見同じ症状に見えても虚脱はさまざまな原因で起こるため,その処置や対策も異なるということです。表5-1には,長時間運動時に起こる虚脱の原因についての一般的な分類を示しました。脱水はあくまでもそのうちの1つに過ぎず,その他の原因についてもよく理解しておきたいところです。

1 運動性虚脱

マラソンや駅伝でゴール後にバッタリと倒れるシーンをよく見かけます。これは脱水と片づけられそうですが,この場合は暑熱ストレスや脱水が直接の原因になることは少なく,多くは血圧が急速に下がることによって起こります。これを特に,運動性虚脱(Exercise Associated Collapse：EAC)と呼び,上記の総称としての虚脱とは区別します。

さて,運動性虚脱の起こるメカニズム,すなわちなぜ血圧が急に下がるのかを考えてみます。運動時,特に高温下では放熱のため,多くの血液が皮膚に回っており,血液は皮膚や末梢にたまりやすい状態になっています。しかし,筋肉は収縮することで心臓と同じようにポンプの役割を果たしているの

第5章　知っておきたい大事なこと

表5-1　マラソンで起こる虚脱の原因

```
運動性虚脱
熱射病
低血糖
低ナトリウム血症
低体温症
筋痙攣
心停止
脱水
その他の疾患
```

で，末梢の血液を再び心臓に戻しています。これを第二の心臓と呼び，このおかげで血液は滞りなく循環することができます。ところが，急激にスピードを落としたり，ゴール後急に立ち止まったりすれば，筋のポンプ作用が突然なくなるので，血液は皮膚や脚などの末梢に滞ってしまい，血液の循環が悪くなって脳に十分な血液が送られなくなり，虚脱状態になったり失神したりしてしまうのです。

運動性虚脱の処置としては，脚を高く上げ，頭部を低くして寝かせ（トレンデレンブルグ体位），脳血流を確保すれば通常は速やかに回復します。

2　熱射病（高体温症）

運動によって体温が40℃以上と異常に高くなり，中枢機能に異常をきたすと熱射病になります。応答が鈍い，言動がおかしい，意識がないなどの意識障害を起こしたり，重症例では血流障害や血液凝固によって脳，心，肺，肝，腎などの多臓器不全を合併し，死亡率も高くなります。

気温が高い時ほど熱射病は起こりやすくなりますが，気温が低い場合でも熱射病は起こる可能性があることを知っておかなければなりません。レース時の外気温10℃，相対湿度60％というマラソンにとって言わば理想的な天候において，よくトレーニングされたランナーがゴール目前で虚脱状態となり倒れた事例が報告されています。救急施設へ搬送された時の直腸温は40.7℃でしたが，体調不良に加えて，レース後半に実力以上に頑張りすぎたことが原因と考えられます。

また，レース距離が長くなるほど熱射病の危険性も高くなると予想されがちですが，実際にはマラソンやウルトラマラソンでの熱射病事例は意外に少なく，数々のマラソンレースにおける救護の統計資料によるとその発症率はおおよそ1万人に1人の割合です。むしろ，マラソンより距離の短い5〜20kmのレースで熱射病は多く起こっています。

　気温が低く，あるいは距離が短くても熱射病が発症するという事実は，原因が環境条件だけでなく，代謝量，すなわち体温の上昇度に強く関係していることを物語るものです。つまり，必要以上に頑張ってしまうことが熱射病のリスクを高くしていると考えられます。逆に，マラソンよりも長い距離になり，しかも気温が高くなれば，ランナーたちはおのずと慎重になり，無理をしないために，熱射病の発症が少なくなっているのでしょう。こうしたことから，暑熱下でのレースでは何より無謀なレースを避け，無理をしないことが最も重要な熱射病の予防法になります。

3 低体温症

　気温が低い環境下のマラソンでは，体温が35℃を下回る低体温症の発症頻度の方が熱射病（高体温症）より2倍ほど高くなります。また，ウルトラマラソンの救護実績でも，やはり低体温症がより多く見られます。

　冬のマラソンで低体温症が多い理由の1つに，オーバーペースが上げられます。特にレース経験の少ない市民ランナーでは，前半オーバーペースで走り，後半に失速するケースが多く見られます。前半のオーバーペースは，発汗を活発にして放熱量を高める一方，後半にペースが落ちれば代謝量（産熱量）は低下し，その結果，放熱が産熱を上回ることになるため，体温は低下しやすくなります。後半に気温が下がったり雨が降ったり，風が強まる，向かい風になるといったように気象条件が悪化すれば，さらに放熱を促進させ，体熱を奪っていくことになります。また，タイムの遅い市民ランナーほどレース時間が長くなるので，それだけ環境変化の影響を受けることになります。その他にも，前半のオーバーペースは後半の低血糖を招き，その低血糖が低体温症を促進することも明らかにされています。このように，マラソンでの低体温症はオーバーペースをはじめ，諸要因が連動して低体温を招いていると考えられます。

低体温症を回避する最善策は，環境条件に合わせて適切な着衣を選ぶとともに，ペース配分の工夫が最も重要になるでしょう。前半をある程度セーブして余力を残し，後半を速くして産熱量を上げられるようなネガティブ・ペースが望ましいと言えます。前半の寒さは気にならなくても，後半の寒さは耐え難いものになるからです。

④ 低ナトリウム血症（水中毒）

　冒頭に，運動時の虚脱の原因を全て脱水と断定してしまうことに異論を述べました。虚脱には，脱水とは生理学的に全く逆のメカニズムで起こる低ナトリウム血症（水中毒）があるからです。脱水は体液が不足した状態であるのに対し，低ナトリウム血症は逆に水分が過剰になって起こります。当然，救急処置，予防策も全く異なります。しかも時に生死に関わることもあり，両者は厳格に区別して対処しなければなりません。

　スポーツ活動時の低ナトリウム血症は，極めてまれな例というのが従来の認識でした。確かに，トレーニングを積んだランナーでは滅多に起こりません。しかし近年，特にアメリカを中心に軍事訓練時やマラソンレースにおいて死亡事例を含む低ナトリウム血症の事故が報告されるようになってきました。

　マラソンレース時に見られる低ナトリウム血症は，ほぼ例外なく給水所での水の飲み過ぎが原因で起きています。低ナトリウム血症では，細胞の水が過剰になり，重篤な場合には肺水腫，脳浮腫を起こし，死に至ることもあります。

　マラソンレースなどの調査結果では，血漿ナトリウム濃度が低下している事例（＜135mmol／l）は10％前後，さらに低下した重篤例（＜120mmol／l）は0.5〜1％と思いのほか多く見られます。通常のスポーツ活動では本症を特別心配する必要はありませんが，マラソンレースのような長時間運動になると発症リスクは突然高くなります。具体的なリスク要因として，比較的体重の軽い女性あるいは初心者ランナーが4時間以上にわたりレースを続け，体重減少量以上に水を飲んだ場合があげられます。つまり，一般市民ランナーにこそ低ナトリウム血症の注意が必要で，とりわけ水の飲み過ぎは避けなければなりません。

5 低血糖

　長距離レースでは、エネルギー源である肝臓や筋肉の貯蔵グリコーゲンが次第に消耗してゆくので、作業筋は血中の糖の取り込みを増やしエネルギー供給を確保しようとします。しかし、肝臓から血液への糖の供給が間に合わなくなると、血糖値は次第に低下することになります。これが長時間運動時にみられる低血糖です。低血糖は、市民ランナーなどの初心者に起こることもあれば、トップアスリートに起こることもまれではありません。

　マラソンでは30km過ぎに壁があると言われますが、その壁に突き当たったかのように急に力が抜け、ペースダウンを余儀なくされた経験をもつランナーも少なくないでしょう。この時、多くは低血糖が原因で起こっています。低血糖では、糖を唯一のエネルギー源とする脳にも大きなダメージが及びます。ある実験結果では（図5-1）、3時間の自転車運動において低血糖になると（A）、脳が取り込む糖の量が極端に減少し（B）、脳のエネルギー

図5-1　自転車運動（3時間）時の糖質補給およびプラセボが血糖値（A），頸動静脈グルコース較差（B），主観的運動強度 RPE（C）に及ぼす影響（Nybo L.2004）

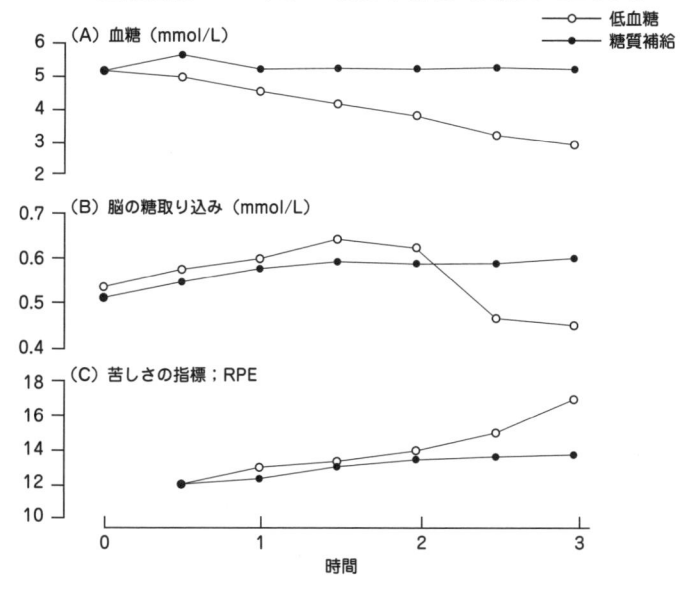

不足に呼応して被験者は急激に苦しさを感じます（C）。この苦しさは，ランナーが何とか走ろうとする意志に抗し，もうこれ以上体に無理をさせないようにする脳の急ブレーキとも言えます。低血糖状態になると，集中力を欠き，脱力感が襲い，走る意欲が失われ，ランナーはもうこれ以上走れないと感じるようになりますが，これ以上のエネルギー枯渇を防ぐための安全装置でもあるわけです。

　ところで，レース中に低血糖を起こしやすいタイプとそうでないタイプがあるようです。どちらかと言えばスピードランナーが低血糖を起こしやすい傾向にあります。これは恐らく，エネルギーの使い方が関係しています。筋肉は主に糖と脂肪の2種類の燃料を使い分けます。トラック種目では貯蔵量に限りはあるもののスピードが出る糖を優先的に使いますが，運動時間が短いので供給不足になることはありません。一方マラソンでは，糖を節約しながら脂肪をうまく使っていきますが，糖を無駄遣いすれば終盤エネルギー不足を招き，スタミナ切れを起こします。スピードランナーでは，持ち前のスピードを生かそうとして糖質燃料を奮発してしまう傾向があり，それが高じて後半で低血糖が起こりやすくなります。トラックのスピードをマラソンに生かすことが推奨されていますが，エネルギー事情からすれば両立はなかなか難しいのです。いずれにしても，マラソンを走るには糖質と脂質のエネルギー配合をうまく調整する能力が重要になり，その能力を獲得するにはトレーニングの裏づけが欠かせません。

アクシデントの発生とその予防

　マラソンや長距離レースで起こるアクシデント（虚脱）にはさまざまな原因があることを見てきました。ランナーとしては，こうした虚脱にならないようにその対策を考えてみたいと思います。その際，エリートランナーと市民ランナーで分けて考えておくのが良いでしょう。

　エリートランナーにとって，虚脱対策の最大の課題は低血糖を防ぐことです。エリートランナーほど低血糖による虚脱になりやすいと言っても過言ではありません。スピード（糖代謝）と安定したスタミナ（脂質代謝）という，相反する二者をより高い水準で両立させることが要求されるからです。それ

は，スピードとスタミナを年間トレーニング計画の中でどのように組み立てるかというピリオダイゼーション（期分け）の問題にもなります。もちろん，レース中に糖質飲料を補給するといった方法も有効です。しかしなんと言っても根本的な対策はトレーニングの充実です。このことは，十分認識しておきたいところです。

　一方，市民ランナーもトレーニングの充実ということに変わりはありませんが，市民ランナーに見られるアクシデントの原因に「無謀なレース」をあげることができます。トレーニング不足，体調不良を押してレースに参加する，あるいは無謀なペースに挑む，といったことです。自己の能力に合わせて安定したペース配分で着実に走る。これは，記録更新を狙う戦略であると同時に，事故無く安全にマラソンを楽しむ方法でもあります。

　エリートランナーも市民ランナーも，マラソンで起こるアクシデントを防ぐために，決して消極的な方法をとる必要はありません。記録向上を目指し，自己の実力をいかんなく発揮できるトレーニング計画とペース戦略が，最も効果的なアクシデントの予防策でもあるのです。

5-2 マラソンレース中の適切な水分補給について —ランニング学会の見解—

　マラソンレースでは，大量の汗をかき，体から水分が失われます。そのため，適切に水分を補っておく必要があります。しかし，水分補給の仕方についてはこれまでにもいろいろな考え方があり，また誤解されていることも少なくありません。ランナーとしては迷うことも多いでしょう。このような状況から，ランニング学会は現在までの科学的研究成果を総括し，最も適切だと思われるマラソンレース中の水分補給の方法についてその見解を発表しました。ここでは，その見解のエキスを紹介することにします。

レース中の水分補給に関する誤解

1 レース中に水を飲むな，という誤解

　「水を飲むほど汗をかき，疲労を早める」あるいは「水を飲むことによって意欲が低下する」などさまざまな理由から，かつてはレース中の水分補給を制限する考え方が根強くありました。しかし，これらに確かな科学的根拠はありません。無理に喉の渇きを我慢して頑張っても，過度の脱水になれば，かえってパフォーマンスを低下させることにもなりかねません。さらに脱水が進行すれば，健康を損ない，熱中症におちいる危険性さえあります。

2 レース中にはできるだけ多くの水を飲め，という誤解

　一方，水を制限する考え方から一変して，1970年代になると水を飲むことを積極的にすすめる考え方に変わってきました。また，運動中の喉の渇きは体液が不足した後にやや遅れて感じることから，運動中には体液が不足しがちになります。そこで喉が渇く前に，意図的に水をできるだけ多く飲むようにすすめられてきました。しかし，そのためにかえって水を飲みすぎてしまうことも，現実に起きてきました。水を飲みすぎれば，胃の具合が悪くなるだけでなく，最悪の場合には低ナトリウム血症（水中毒）になり，重篤な場合には死に至ることさえあります。

3 マラソンや駅伝でのアクシデントの原因が全て「脱水」, という誤解

　マラソンや駅伝で極度に疲労し，足取りもおぼつかない状態におちいることがありますが，決まって原因にあげられるのが「脱水」です。しかしながら，このようなアクシデントは外見上の症状は同じでも，熱射病，低血糖，低体温症，水中毒などさまざまな疾患によって起こります。特に水中毒の場合であれば，脱水とは正反対に，水の飲み過ぎが原因でこのような虚脱状態になります。また，その発症率も決して低くはありません。アクシデントの原因が全て脱水にあるという誤解が「レース中できるだけ多く水を飲むべき」という考えを後押ししてきたのではないかと思われます。

レース中の水分補給の適量は

1 「喉の渇き」に応じた水分補給を

　マラソンレース中の水分補給量は，ランナーの発汗量に見合った量である必要があります。ただし，発汗量は走速度，体型，気象条件などによって大きく影響されます。したがって，発汗量に見合った適量と言っても，これを

ランニング中は適切な水分補給を

一律に数値で表すことには無理があります。

個人の特性に応じた水分補給の適量を知るには，客観的数値に頼るより，むしろ主観，すなわち「喉の渇き」によって判断する方法が推奨されています。この方法なら，深刻な脱水におちいることなく，同時に飲みすぎにもならないと考えられるからです。

どのくらい給水するかは数値で判断するより，そのときの「喉の渇き」やコンディションによって判断することをおすすめします。

② 発汗量を知る

それでもやはり，自分の発汗量は数字で知っておきたいところです。マラソンレースでの発汗量は，次の方法で簡単に予測できます。

マラソンのレースペースで1時間走を行い，前後の体重をはかります。その体重差すなわち体重減少量がおよその発汗量（1時間当たり）になります。

　発汗量　＝　体重減少量
　　　　　＝　走行前の体重－走行後の体重

途中で飲み物をとれば，その量を加えます。

　発汗量　＝　体重減少量＋飲水量

走った時間が1時間ではなかった場合，1時間当たりの量に補正します。

　発汗量　＝　（体重減少量＋飲水量）÷走行時間（時間）

③ 補給量を数字で示せば

体重管理は苦手だが，ともかく水分補給量のおよその数値を知っておきたい場合，1時間当たり400〜800mlを目安にしておけば良いでしょう。ただし，以下の条件に応じて適量を選択します。

体の大きなランナー，記録の良いエリートランナー，気温の高い場合など
　→多めの量；給水所でカップ半分以上（100〜150ml）

体の小さいランナー，記録の遅い市民ランナー，気温の低い場合など
　→少なめの量；給水所でカップ半分以下（50〜100ml）

④ 脱水の程度を知る

レース中あるいはトレーニング中の水分補給量は，必ずしも発汗相当量である必要はなく，多少不足しても構いません。その不足分，すなわち脱水率が2％程度におさまっていれば，その時の水分補給量は適量だったと判断で

きます。脱水率が3％をこえているようであれば，水分補給は不足していたと言えます。逆に，走った後に体重が増え，脱水率がマイナスになった場合は，明らかに水の飲みすぎであり，十分注意しなければなりません。
　脱水率は次の式で計算します。（飲水量を加えない）
　脱水率（％）＝体重減少量÷走行前の体重×100

5-3 心をフレッシュに走る大切さ

　楽しみで始めたランニング，楽しいはずのランニングが，時には走るのが嫌になったり，なんだか辛く感じたりすることはありませんか。この章では，心が体に及ぼす影響をストレス論から述べてみます。さあ，やる気を出して，より良いランニングライフを楽しみましょう。

ストレスとは

　ストレスと聞くと皆さんは，どの様なイメージを持ちますか。「怒り」「自己嫌悪」「心配」「悲しい」「苦しい」「つらい」などさまざまなマイナスの感情が浮かぶと思います。では，ストレスのない生活は幸せなのでしょうか。ストレスには，「良いストレス」と「悪いストレス」の2種類あり，実は，「良いストレス」をプラスに使った時，私たちは大きな力を発揮することができます。

　良いストレスとは，「～したい」「～しよう」という内発の要求によって生じ，この時にストレスはプラスのエネルギーとして，「チャレンジ」「集中力」「学習」「団結力」「健康」などを生み出します。初心者が走れば走るほどタイムが伸びたり，体重が減ったりするなど，成長を感じる楽しい状態がそれに当たります。

　その反対に悪いストレスとは，「～しなければならない」「～してほしい」という外発の要求によって生じます。「3時間を切らなければならない」「痩せるために走らなければならない」「毎日，走らなければならない」など，いわゆるやらされている状態です。それに加えて，達成する「見通し」が立たないと一層ストレスがのしかかってきます。この時，やる気が無くなってきたり，走るのが辛くなっていくのです。

ストレスが体に及ぼす悪影響

　悪いストレスは，万病のもとと言われており，さまざまな病気やケガを引

図5-2 ストレスと自律神経の関係

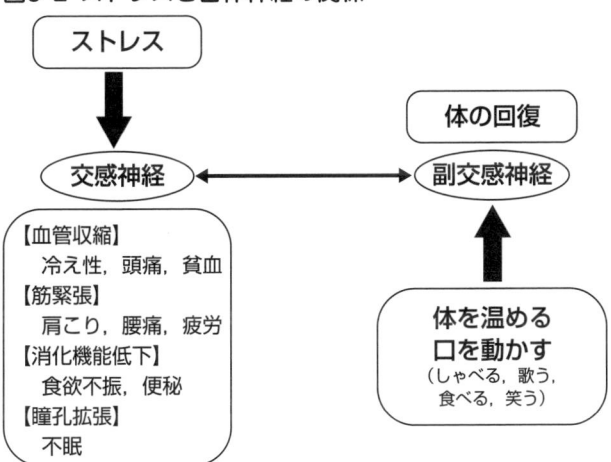

```
ストレス
  ↓
交感神経 ←→ 副交感神経     体の回復
【血管収縮】                ↑
  冷え性，頭痛，貧血      体を温める
【筋緊張】                 口を動かす
  肩こり，腰痛，疲労      （しゃべる，歌う，
【消化機能低下】             食べる，笑う）
  食欲不振，便秘
【瞳孔拡張】
  不眠
```

き起こす原因となります。心と体は，自律神経系で結ばれています。そして，自律神経系には，交感神経と副交感神経があり，シーソーのような関係でバランスを保っています。この神経系がどちらかに偏り過ぎると，自律神経失調症などのストレス病になります（図5-2）。

私たちの体は，脳でストレスを感じるとストレスホルモンが出て，交感神経を刺激します。この交感神経が刺激されすぎると血行不良になり，冷え性，頭痛，貧血，筋緊張（肩こり，腰痛など），疲労，食欲不振，便秘，不眠などの症状が起こります（ストレスの身体化）。当然このような状態では，トレーニング効果も上がりませんし，体も消耗しケガにつながります。大きな試合の直前，練習量を落としているのにもかかわらず，ケガをして棄権する選手はこのストレスによる悪影響が原因の1つと考えられます。

ストレスを味方にする

それでは，良いストレスにするにはどうしたら良いのでしょうか。まず，ランニングに対しての思いを内発的要求（〜したい）にすることです。具体的には，結果はともあれ「ベストを尽くす」ことが大切です。市民ランナーは，時間が限られており十分な練習ができないことも多いと思います。レー

スが近づいているのに走り込めないなど不安な要素が多くなってきた時には，できないことをあきらめる勇気も大切です。できないことをクヨクヨ悩むより，できていることを評価して，さらにできることを工夫することが大切です。マイナス思考では，ストレスがかかってきた時，よけい悪い方へ考えて，ストレスホルモンが体中に充満して，ますます不安になるという悪循環になります。その反対に，できることを考え，少しでも達成できるようになると元気になるホルモンが分泌されます。そのため，ランニングを通して，できなかったことができるようになったり，くじけそうな時にそれを乗り越えたりという成功体験を大切にして，マイナスに考えないことが重要です。

実際に遺伝子学からも，自らのやる気や感謝の気持ちが遺伝子のスイッチをオンにすると言われています。嫌だなと思うことも，「自分の成長のための関門だ」とピンチをチャンスに変えることが，ストレスをプラスに使うコツなのです。

ストレスを解消する

ここでは，ストレスへの対処法について述べたいと思います。ストレスを解消するには，副交感神経を刺激することが有効です。以下は，副交感神経を刺激する具体的な方法です。

まず，簡単な方法は，おしゃべり，カラオケ，おいしいものを食べるなど，「口を動かす」ことです。特に，おしゃべりは，話をすることによって自分の考えがまとまったり，相手に受け入れてもらえることによる安心感が生まれるため，非常に有効な手段です。また，笑うことも副交感神経を大きく刺激します。

次に，「体を冷やさない」ことが大切です。特に，手足が冷えると体全体が冷えてきますので，冬場には手袋，ネックウォーマーなどの防寒具が大切になります。また，入浴はゆっくり時間をかけて血管を拡張させることが効果的です。

さらに，食物繊維を積極的に取ることも重要です。食物繊維は，内臓を刺激し，副交感神経の働きを活発にします。

ストレスを味方にするためのランナーの心構え

1 レースに向けて

　レースに向けて，まずすべきことは，目標を立てることです。具体的な目標を立てることにより，レースまでに何をしなければならないのかが明確になります。加えて，大切なことは，その具体的な目標を達成した時に，どの様な気持ちに満たされるのかに気づくことなのです。周りの人から認められたい，褒められたいのか，それとも，自分自身を成長させたい，認めたいのかを明らかにすることで，本当の心の要求がわかります。この本当の目標がわかることで無理のないランニング生活へと変わっていくでしょう。

2 レース直前

　レースへ向けて，100％完璧に準備できるケースはほとんど不可能です。ほとんどのランナーがレースに向けて不安を持っています。特に，真面目なランナーは走り込み不足など，できなかったことをクヨクヨ悩む傾向があります。ここは，60％の準備で良しとして，きっぱりとできなかったことをあきらめ，できていることを褒めましょう。

　また，事前にレース展開のイメージを3通り準備しておくことも重要です。お風呂の中など1人でゆっくりしている時に，調子が良い時，普通の時，悪い時のイメージを描くことでいろいろな状況に対応できるようになるはずです。

3 レース中

　人間の脳は，不安や恐怖があるとストレスホルモンを出し，体を休めようとします。レース中に抜かれたことで突然失速してしまう選手がいますが，この時，体の中では，ストレスホルモンが放出されていると推測されます。反対に前の選手を追いかけるなど目標をもっている場合は，やる気のホルモンが出てきますので，苦しい中でも頑張れるのです。

　もしも，レース前に立てたプランと異なってきた場合には，不安を抑えるために軌道修正をしましょう。つまり，目標を変えていくのです。「この調子では，目標タイムに届かないので，我慢のレースをして○○分以内でゴールしよう」とか「○○地点まで頑張ってみよう」など，目標を変えながら，

決してあきらめないことが大切です。そして，ゴールしているイメージを持つようにしましょう。あきらめや絶望感は，体を完全に動かなくさせてしまいます。希望を失わなければ，必ずゴールが待っているのです。

4 レース後

　レースを次につなげるために，レースの意味づけをしましょう。成功したこと，失敗したことなどを日誌に書くことがベストです。その際に，目標以上に走れていた時は，神様のプレゼントとして過大評価しないことです。良いイメージだけ残ってしまい，経験が生かされないことが多いからです。逆に，目標より大幅に下回った時は，その目標設定が正しかったのか振り返りましょう。また，失敗したことを認め，他人や天候などのせいにしないで失敗を受け止めることが大切です。失敗は，次の成功レースのための経験です。失敗を繰り返すことが本当の失敗なのです。そして，目標と実行ができるだけ一致するように，自分をコントロールできるようになることが大切です。

5-4　ケガにはこのように対処します

　トレーニングには，ケガがつきものです。ランニングでは，膝，腰，足首などの関節，すね（脛骨），足底などにケガが多く起こります。トレーニングで大切なのは，自分の体と会話して体の状態に「気づく」ことです。とかく，体から出ているサインを無視し，我慢して重大なケガにつながることがありますが，頑張るのと無理をするのとでは全く異なります。

　何をしていて痛みが出てきたのか，また，どのような痛み（急激な痛み，ジワジワした痛みなど）があるのかなどに気づいてください。痛みの種類には，大きく分けて2つあります。1つ目は，捻挫・肉離れ・疲労骨折など筋肉や骨が大きく破壊される急激な痛みです。2つ目は，筋肉疲労や体のバランスが崩れることによる慢性的な痛みです。痛みの種類によって対処法は異なりますので，状況に応じた対処法を選ぶことが大切です。

急激な痛み

　急激な痛みがある場合は，直ちにRICE（応急処置の4原則）をする必要があります。

・Rest：すぐにランニングを止めて安静にします。この時，たいしたことはない，まだ走れるから大丈夫とランニングを続けると症状が悪化し，後日，重大な障害が残ることがあります。

・Ice：患部を冷やします。氷のう，アイスパックなどがあれば良いのですが，無い場合は水道などの流水でも構いません。冷やすことによって血管が収縮し，出血を抑え，腫れを防ぎます。この時，よく冷えるからと氷のうに塩を入れたり，大きな氷を直接患部に当ててはいけません。凍傷で皮膚を痛める原因になりますので，氷はタオルなどでくるみましょう。

・Compression：伸縮包帯，タオルなどで患部を圧迫します。圧迫することで，血液やリンパ液を周りに散らします。ただし，締めすぎに気をつけてください。もし，しびれ，けいれん，痛みが増してきた場合は，すぐに外すよ

うにしましょう。

・Elevation：患部を心臓より高くします。ランナーは，脚をケガする場合が多いので，仰向けになり台などを使って脚を上げると良いでしょう。重力の作用で，過剰な出血を防ぎます。

圧迫・冷却は，20～30分くらい行い，その後15分間はずし，血行を良くして再度圧迫・冷却することを約3時間繰り返します。なお，痛みが強い場合，腫れがひどい場合などは，早急に医療機関に行く必要があります。

慢性的な痛み

多くのランナーが抱える悩みが，慢性的な痛みでしょう。この原因は，骨格のゆがみ，筋肉疲労，血行不良の3つがあげられ，それぞれ関連しており，総合的に考えて体のメンテナンスをする必要があります。

ランニングは，同じ動作を繰り返すスポーツです。それゆえに走りの癖や同じ筋肉を使うこと等によるアンバランスが体のゆがみを引き起こします。その体のゆがみと筋肉疲労が血行障害を引き起こすのです。さらにこの血行障害が，発痛物質をとどまらせることになります。体が冷えて血行が悪くなると痛みはさらに増してきます。

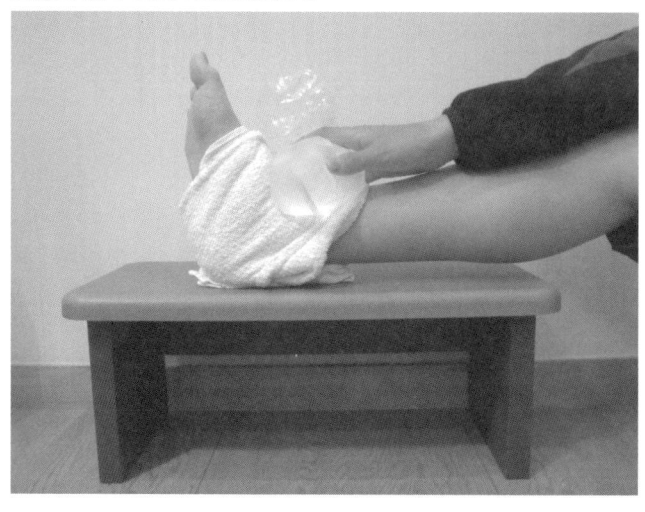

急激な痛みにはRICE処置を

それでは，私たちができることはなんでしょうか。それは，体を温めることです。体を温めることで筋肉がゆるみ骨格のゆがみが解消され，発痛物質が除去されます。体を温める方法としては，入浴，ストレッチング，マッサージなどがあげられます。まずは身近にできることを続けてみましょう。特に，手のひら，足の裏には，つぼが多いので入浴時に刺激すると副交感神経が刺激され効果的です。また，手袋，5本足ソックスの着用もおすすめです。

慢性的な痛みの本当の原因

　痛みの本当の原因は，痛みの出ている場所でないことがあります。たとえば，膝が痛む時は，ふくらはぎや太ももの筋肉が張っているケースがあります。筋肉は本来ゴムのように収縮しますが，疲労などで硬くなると伸びづらくなります。そうすると，筋肉や腱などが関節の周辺で引っ張られ，擦れるため痛みが発生します。痛みが出ている場所以外の筋肉を触って，張っているところを探してみましょう。

　また，ランニングで一番大切な足の裏の状態も把握する必要があります。ランニング中は，体重を足の裏のみで支えますので，足の裏の縦のアーチ

足底のケアが大切

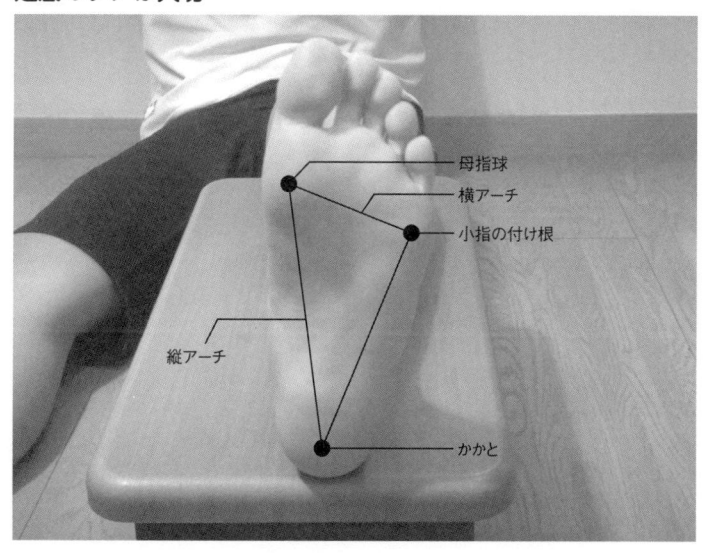

- 母指球
- 横アーチ
- 小指の付け根
- 縦アーチ
- かかと

（土ふまず）と横のアーチ（母指球から小指にかけて）がきちんと形成されているかが大切なポイントとなります。しっかりしたアーチが形成されていると，かかとと母指球，小指の付け根の3点で安定して支持ができます。しかし，足の中指の付け根にまめができたりすると，安定した支持ができなくなり，体のバランスがくずれてケガや後半のスタミナぎれを起こすことがあります。足の裏のアーチがつぶれていたり，足の裏やかかとの周りを押して痛みが出る場合は，しっかり揉みほぐし，筋肉の弾力性（クッション性）を高める必要があります。実は，足底の状態が悪いために下肢から腰に負担がかかり，痛みの原因となっていることも多いのです。

　加えて，シューズの底を観察してみましょう。シューズは消耗品です。かかとがすり減ってしまった場合は，買い換えましょう。すり減ったシューズを履いていると，接地時に足首がねじれてケガの原因となります。また，シューズの紐も1回1回しっかり締めましょう。ゆるいと捻挫や後半のブレーキの原因となります。

病院・治療院について

　もし，ケガをしてしまったら病院や治療院に行くこともあるかと思います。整形外科，スポーツ整形外科，接骨院，鍼灸，マッサージ，カイロプラクティック，整体，気功などさまざまな種類の病院や治療院があり，玉石混淆であるのが現状です。治療に行ったのに治らない，症状が悪化したなどのケースもあります。それでは，どのようなところへ行けば良いのでしょうか。

1 治療の種類と病院・治療院の選択について

　さまざまな治療方法があり，どれが一番良いとは言えません。人によってその治療法が合うこともあれば合わないこともあります。まずは，ランニング仲間から情報を得るのが一番良いでしょう。また，通うとなると時間も交通費もかかりますので，ベターな選択をすることも大切です。

2 医師・治療者について

　ランナーの体をよく知っている医師・治療者にみてもらうことが大切です。そこでは，ケガをした理由や今後の治療について丁寧に教えてくれるかがポイントです。何の説明もなく，「また来てください」と，薬や湿布だけ出

すところやレントゲンを撮って「骨には異常がありませんので安静にしてください」というところは，何回通っても治らないことが多いので注意しましょう。優秀な医師や治療者は，ケガをした原因を説明してくれるはずです。

③ 治療しても治らない

治療をしてもなかなか治らないケースもあると思います。その時は，治療方法を変えることも１つの手段です。医師や治療者は，自分の方法が一番正しいと考えて治療しています。しかし，治療法にはいろいろありますので自分に合った治療が他にあるかもしれません。

ケガをしないために

ケガをしないためには，栄養，休養，トレーニング方法のバランスが大切ですが，ここでは特にトレーニング方法について述べます。ランニングは，同じ動きを繰り返しますのでどうしても体の弱い部分に負担がかかりケガを起こします。そこで，いろいろな筋肉を動かす「クロストレーニング」をおすすめします。クロストレーニングとは，ランニング以外のスポーツをトレーニングに組み入れることです。サイクリング，水泳，歩行（登山），筋力トレーニング，球技など，他の動きをすることでさまざまな筋肉が使われるため，バランスよく体を鍛えることになり，ケガを防ぐことができます。また，ランニング生活に変化を入れることで，よりランニングの楽しさに気づくでしょう。

ケガをしてしまったら

残念ながらケガをしてしまったら，まずは治療に専念しましょう。だましだまし走ってケガを長引かせるより，一時期走る以外のトレーニングをしていく方が結果的に治りが早い場合が多いです。目標の試合などがあり，走りたくなる気持ちはわかりますが，「神様が休みなさいと言っているのだ，このケガには意味があるのだ」と前向きに考えることが大切です。焦り，心配，不安などのマイナスな感情は，ストレスホルモンの分泌を促し，ケガがなかなか回復しない原因となります。そのような時ほど，副交感神経を刺激し体を回復させるようにしましょう。

5-5 レース前日の準備

この節では，レース前に準備しておくべきことや知っておくべきことについてまとめています。

前日までにやっておくべきこと

1 レース戦略の策定

事前にレース計画とスタートまでの行動予定を立てておきましょう。そして，フルマラソンなら5kmごとのラップタイムを計画します。例えば，目標がサブ4（4時間以内）の場合，計算上5分40秒／kmのイーブンペースで走れば達成（3時間59分）できますが，実際には予定通りに走れないものです。参加人数の多い人気の大会ほど，スタート直後は混雑し，自分のペースで走れるようになるのに数kmを要します。そのため，最初の5kmはやや遅めに設定しておくのがより現実的です（表5-2）。

コースの状況，トイレ休止や後半のペース低下なども想定して戦略を立てることによって，より実際のレースに近いイメージができます。それが結果的に，オーバーペースを予防することにつながります。

2 当日の行動予定の確認と準備

初めて参加する大会の場合，プログラムやweb情報を活用し，会場のレイアウトや注意事項をよく読んでおきましょう。天気予報を確認し，レースウェアを大方決めて，前日のうちに持ち物の準備も済ませておきます。

緊張しやすい人は当日の行動を書き出してみると安心です。①起床，②朝食，③会場までの移動，④受付，⑤着替え，⑥ストレッチを中心としたウォーミングアップ，⑦トイレ，⑧身支度，⑨荷物預け・・・。それらを済ませて⑩スタート地点へ移動，となります。その他にも，天気予報の最終確認，友人との待ち合わせ，ワセリンの処置，補食，防寒対策，記念撮影など，レース当日は意外と忙しいものです。

これらの中から必要最小限の行動を，スタート時間から逆算して選択して

表5-2 レースプランの例

距離	目標		実際			
Km	スプリット	ラップ	スプリット	ラップ	HR	備考
5	30:00	30:00				
10	57:30	27:30				
15	1:25:00	27:30				
20	1:52:30	27:30				
25	2:20:00	27:30				
30	2:48:00	28:00				
35	3:16:30	28:30				
40	3:46:30	30:00				
Goal	3:59:30	13:00				

● スタート後しばらくは混雑

● 後半のペースダウンを想定

みましょう。スタート20分前ぐらいには整列するのが最近の風潮です。また，食事は2〜3時間前には食べ終えるのが理想ですので，会場入りの時間，朝食の時間，起床時間などもおのずと決まってきます。

3 大会前日に避けたいこと

逆に大会前日に避けたい行動は，過度なトレーニング，長時間の歩行，ストレスのかかる行為，重い荷物の運搬（背中から肩，腕を疲労させない），暴飲暴食などです。また，アルコールは控え目にしないと脱水を起こします。

前日はリラックスして過ごしたいですが，前日のうちに緊張しておけば，かえって当日落ち着けるかもしれません。気持ちが昂って眠れない場合でも，体を横にして静かに過ごし，「眠れない」ことに過敏にならないようにしましょう。目標のレースを翌日に控え，トレーニングしてきた日々，ここまで無事辿り着いたことに感謝しながら，楽しみにレースを迎えましょう。

レースの持ち物

ここでは，レースに向けて準備すべき持ち物とそのポイントをあげました。表5-3は，一般的なリストです。季節によって変化しますが，必要と思われるものを付け加え，自分自身のリストを作っておくと良いでしょう。

第5章　知っておきたい大事なこと

表5-3 持ち物リスト

衣類など	行動食など
☐ レースウェア（気温を考慮して複数の組み合わせ）	☐ スタート前の補給食（バナナ，ゼリー飲料など）
☐ レース用シューズ	☐ 携行食（アメ，ゼリーなど）
☐ レース用手袋	☐ 飲料水
☐ 防寒対策（アームウォーマー，ビニール袋，ホットクリーム）	その他
☐ ランニングキャップ	☐ ティッシュペーパー
☐ ウォッチ（心拍数計）	☐ 絆創膏，ワセリン
☐ 着替え一式（下着，靴下）	☐ 大会要項
☐ タオル（バスタオル）	☐ 受付票（事前配布の場合はゼッケン，チップなど）
☐ 雨具，レインコート	☐ 保険証（写し）
☐	☐

1 レースウェア

　天候（気温や雨）に相応しくないウェアで走ると，パフォーマンスが十分に発揮できないばかりか，熱中症や低体温症を引き起こすなど，安全を脅かされる心配もあります。特に季節の変わり目（11～12月や3～4月）のレースは要注意です。レースが開催される日に起こりうる気温の範囲を想定し，天気によって選択できるよう複数のウェアを揃えておくと良いでしょう。また，夏のレースでは，放熱・速乾に優れた素材や色のウェアを準備しましょう。いずれも，レース当日に初めて着用するのではなく，事前にレースと同じ時間帯に試着して走ってみてください。

　※冬季のレース

　気温が5℃以下になると，「震え」によるエネルギー消費量が増大します。さらに，体温（血液の温度）が37℃以下になると，ヘモグロビンと酸素の結合が強固になるため，筋への酸素供給が低下し，これもパフォーマンスを低下させる要因となります。そのため，このような厳しい環境下のレースでは，タイツや冬山などで利用するアンダーシャツなどのウェアを重ね着すると良いでしょう。

また，雨や雪の場合，直接濡れ続けると体温が奪われてしまいます。透明のレインコート（首の穴をあけた大きなビニール袋でも可）を着用すれば防寒対策にもなり，ゼッケンも見えるのでそのままレースに参加できます。

2 シューズ

　シューズのクッション性能は使用量に応じて劣化するので，トレーニングした人ほどシューズはくたびれています。そこで，可能ならレースの前に新しいシューズと交換してみてはいかがでしょうか。トレーニングに用いたシューズと同メーカーの同種のものなら，試し履きは短くて済みます。

3 ランニングウォッチ

　10個ぐらいのラップをメモリーできる専用のウォッチを準備しましょう。最近は，心拍数計やGPSなどによるペース機能の付いた時計もありますので，必要に応じて試してみてはいかがでしょうか。

4 その他

　長時間走ると，股下やわきの下など，衣類と皮膚の接する箇所が擦れて痛くなります。その対策として，ワセリンを塗ったり，絆創膏を貼ったりしておきましょう。足のまめに悩まされる人は5本指の靴下がおすすめです。また，腹，腕，太もも前面などにホットクリーム（塗るカイロなど）を塗っておけば防寒対策になります。

　いずれも経験者なら直前で間に合いますが，初心者の場合は早めに準備し，必ず事前に走って試しておきましょう。また，特に女性の場合，ウェアは機能だけではなくファッション面も重要な観点だと思います。レース本番の気持ちを盛り上げてくれる大切なアイテムですので，楽しみながら準備してください。

5-6 レース前の過ごし方，レース当日の過ごし方

この節ではレース前の食事と行動，レース中のエネルギー補給について取り上げます。

レース当日の食事

市民マラソン大会の多くはスタート時間が9〜10時の間に設定されています。当日の食事は3〜4時間前に1食分（約800kcal）は摂取することが理想です。レース前は緊張などで通常よりも食べた物の消化吸収に時間がかかることがありますので，スタートの4時間前には起床し，少し余裕を持って食事を摂るようにしましょう。

食事内容の優先順位としては，腹痛を起こさない物，炭水化物を多く含んだ食品になります。消化に時間のかかる脂肪や食物繊維が多く含まれた食品は走行中に腹痛を起こす可能性が高くなるので，レース前には避けるようにしましょう。前日までにグリコーゲンローディング（第10章-5参照）を行えなかった時には，直前の食事から炭水化物をしっかりと摂ることによって，レース後半のペース低下率を小さく抑えることができます。市民ランナーの場合には，トップ選手と比べると筋肉や肝臓に蓄えられているグリコーゲン量が少ないので，直前の食事で炭水化物を多く含んだ主食や果物をしっかりと摂ることが重要です。

また，食後からスタートまでの間に，100〜200kcalを目安にエネルギーを補給するようにしましょう。このエネルギー量は，市販のエネルギーゼリーなら1個，おにぎりなら1個，お餅なら1個，カステラなら2切れなどになります。レース前にエネルギー補給を行うと，朝食で摂取した炭水化物量と合わせて，マラソンレースで利用するエネルギー量の約1／3の炭水化物を摂取することができます。以前は，レース直前に炭水化物を摂取すると，インスリンの分泌が増加し，運動開始直後の血糖値の低下や運動中の炭水化物利用量の増加につながり，失速の要因になると言われていました。しかし

最近の研究によって，運動前に炭水化物を摂取した時に起こる血糖値の低下は一時的なものであり，レース前の適度なエネルギー補給は，レース後半のペース低下を抑制する効果があることがわかってきました。ただし，摂りすぎると内臓への負担も大きくなりますので，食べる量には注意しましょう。

レース当日の行動

　レース会場には，スタートの2時間前までには入り，スタート地点やトイレ，更衣室の場所を確認するようにしましょう。特にトイレは，混雑していることが多く，数十分並ぶこともありますので，前年度の大会の状況などを調べ，事前に行動スケジュールを作っておきましょう。待機場所を確保する場合には，プログラムなどの注意事項にしたがい，レース後にはゴミ等の後片づけも忘れずに行いましょう。

　スタート位置は目標タイム別に分けられていますので，自分の目標タイムにしたがって並ぶようにしましょう。目標よりも速い位置からスタートすると，周りの速いランナーにまどわされ，自分自身のペースを保てないばかりか，他のランナーの妨げになったり，転倒などの危険もありますので注意が必要です。

　多くのレースではスタートから数kmは混雑しているため，目標通りのペースで走ることは難しいものです。ここで焦ってペースを上げてしまうと無駄なエネルギーを使うことになりますので，ここをウォーミングアップ区間と考え，レース前のウォーミングアップは，体の状態を確認する程度の軽い運動にとどめるようにします。具体的な内容としては，ウォーキングと体操，ストレッチを15〜20分程度を目安に行います。3時間以内を目指すランナーであっても，10分程度の軽いジョギングと体操やストレッチ程度にとどめましょう。

レース中のエネルギー補給のポイント

　マラソンのように長時間に及ぶ競技においては，体内の貯蔵グリコーゲンの減少を抑制し，かつ炭水化物の利用量を維持するために，レース中にエネルギー補給を行うことが推奨されています。国内のマラソンレースでは，数

kmごとにエイドステーションが設置されており，水やスポーツドリンクが準備されています。レース中に水だけを摂取した時に比べて，スポーツドリンクなどの炭水化物を含んだ飲料を摂取することによって，血糖値の低下やペース低下を小さくすることが可能です。しかし，レース中に摂取した物がすぐにエネルギーとして使われるわけではなく，実際に利用できるのは1分間に1g程度です。このことから，レース中のエネルギー補給の目安としては，1時間に炭水化物30～60gとなります。エイドステーションのスポーツドリンクの炭水化物含有量は3～5％程度ですので，コップに1杯（200ml）飲むと約10gの炭水化物を摂取することができます。レース中は1時間当たり400～800mlを目安にスポーツドリンクで給水を行うと，水分補給と合わせてエネルギー補給を行うことができます。（1回の給水量については，第5章-2を参考にして下さい。）大会によっては，スポーツドリンクを薄めて準備していることもありますので，エネルギー補給を確実に行いたい時には，ドリンクだけではなく補食を組み合わせると良いでしょう。特に気温が低く，発汗量の少ない冬場のレースでは，ドリンクだけでエネルギー摂取を行うと水分の過剰摂取になることもありますので，補食をうまく組み合わせるようにしましょう。エイドステーションの場所や飲食物の内容はプログラム等に記載されていますので，これを参考にしながら補食の計画を立てておきましょう。走りながらエネルギー補給を行うことに慣れていない人の場合，補食を摂ることで腹痛や下痢を起こす可能性もありますので，普段のランニング中に補食を摂ってみて，腹痛の有無を確認することも重要です。また，レース中に補食を摂りすぎると，腹痛や下痢につながりますので摂りすぎには注意が必要です。

　また，運動中に摂取したエネルギーが利用できるかどうかは，相対的な運動強度（走速度）も影響しており，運動強度が高くなると胃腸への血流が減少し，炭水化物の吸収も低下します。競技レベルが高い選手は，相対的な運動強度も高くなりますので，レース中のエネルギー補給の効果は小さくなります。このため，競技レベルの向上にともない，レース中のエネルギー補給よりもレース前の食事からの炭水化物の摂取がより重要になります。

ウルトラマラソンレースのエネルギー補給量と走速度の関係

　図5-3は同一の市民ランナーが，2008年と2009年にサロマ湖100kmウルトラマラソンに参加した時の走速度とエネルギー補給量を示したものです。レース前の食事は，ほぼ同じ物を摂取しており，約1,200kcalのエネルギー摂取でした。レース中は2008年では，960kcalのエネルギーを補給しているのに対し，2009年は452kcalと2008年の半分程度でした。5kmごとのラップの推移をみると，2008年に比べて2009年のレースでは後半のペース低下が顕著です。

　このランナーの例から，フルマラソンよりも非常に長い距離を走破するウルトラマラソンでは，レース中のエネルギー補給やペース設定が後半のペース低下を小さくするためにより重要と言えます。また，ウルトラマラソンのパフォーマンスは，エネルギー補給量だけではなく，脱水や体温の上昇も大

図5-3　エネルギー補給と走速度の関係

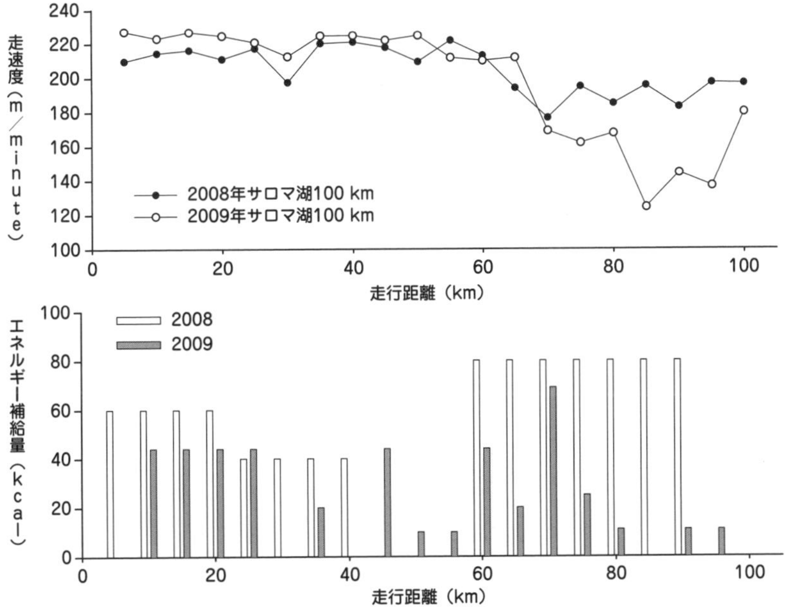

第5章 知っておきたい大事なこと

きく影響することから，エネルギー補給と合わせて給水や体温の上昇を抑制する体の冷却も重要なポイントになると言えます。

●参考文献
- Nybo L and Secher NH. (2004) Cerebral perturbations provoked by prolonged exercise. Prog Neurobiol.
- チャレンジ！フルマラソン（2010）コスミック出版．
- フルマラソン目指せ！自己ベスト（2011）コスミック出版．
- 小林芳郎編（2006）健康のための心理学，保育出版．
- 宗像恒次（2000）自己カウンセリングで本当の自分を発見する本，中経出版．
- 宗像恒次（2009）見通しが立たない状況下で生き残る法，きこ書房．
- 岡野進（2010）新版概説スポーツ，創文企画．
- メディカル・フィットネス協会監修（2002）スポーツ障害と応急手当，嵯峨野書院．
- 岡野進編著（2006）小学生の陸上指導と栄養・スポーツ傷害，創文企画．
- Rapoport BI. (2010) Metabolic factors limiting performance in marathon runners. PLoS Comput. Biol. 6：e1000960.
- Rodriguez NR, DiMarco NM, Langley S, American Dietetic Association, Dietetians of Canada, American College of Sports Medicine. (2009) Position of the American Dietetic Association, Dietitians of Canada, and the American College of Sports Medicine：Nutrition and athletic performance. J. Am. Diet. Assoc. 109：509-527.
- Runner's would (2006) Ice the competition-How to race well when the temps plummet, 1, 36.

第6章
ステップアップのランニング

6-1 トレーニングには法則がある

　トレーニングをするといっても，なんとなく長い距離を走ることや，やみくもに苦しい走り込みをするのでは効率的なトレーニングとは言えません。トレーニングの基礎的な原理・原則を理解して，効率的なトレーニングを実施しましょう。

　ランニングを行うと，体に対して日常の活動レベル以上の負担が加わります。呼吸が苦しくなったり，心拍数が上昇したり，脚や腰を中心に全身の筋肉に衝撃が加わります。ランニングや筋力トレーニングなどが体の各器官に負荷を与えることを，「運動ストレス」や「運動刺激」と呼んでいます。運動刺激を定期的に与え続けると，体の各器官はそれらの刺激に適応できるようになり，能力が高まってきます。この「運動刺激」と「体の適応」の関係がトレーニングまたは運動処方ということになり，体が意図した良好な状態へと変化することがトレーニング効果ということになります。

トレーニングの3つの原理
―競技者・非競技者を問わず共通する原理―

① 過負荷の原理

　体の機能を高めるためには，日常の活動水準以上の運動負荷を運動刺激として体に与えることによって，体が適応反応を示し活動能力が向上します。この原理はトレーニングの原理・原則の中でも最も基本的な考え方となります。過負荷というと「非常に高強度」をイメージするかもしれませんが，運動強度がある一定以上のレベルでないと効果を得られないということを意味しています。

　トレーニング刺激の3要素としては，強度・時間・頻度があげられます。ランニングに置き換えてみると，走速度・走行時間・走行頻度となります。自分の持久力を高めるのに必要な速度や走能力を向上させるために必要な速度を知り，速度に適した走行時間や回復に必要な休息を十分に考慮した間隔

（1日の練習回数や週間頻度）での実践が重要となります。

2 特異性の原理

　運動刺激の種類や方法に応じて，体の機能は適応します。目的とするトレーニング効果をあげるためには，目的に応じたトレーニング手段を選択しなければなりません。バーベルを用いてウエイトトレーニングを実施すると，重量に対応した筋力の向上は期待できますが，マラソンを走破するための持久力の向上はほとんど期待できません。またランニングに関しても，中距離走には中距離走に応じたスピード練習が，マラソンを走りきるには42.195kmを走破するための距離の練習が必要になります。上り坂，下り坂，ラストスパートに対応するためには，それらの状況に対応できる能力を向上するためのトレーニングを積んでおく必要があります。

　このように運動には，その運動によって固有の効果があり，全体的な能力を向上させるためには1つの運動だけでは不可能です。

3 可逆性の原理

　トレーニングによって体の機能を向上させても，その後長い間トレーニングを中断してしまうと，またトレーニングを行う以前の状態に戻ってしまいます。体の適応は，プラスにもマイナスにも作用します。ランニングなどの持久的トレーニングによって高められた呼吸循環機能（心臓拍出量の増大や毛細血管の増加）もトレーニングを中断してしばらくすると元に戻ってしまうのです。オリンピック選手のように非常に長期間，高強度のトレーニングを実践した場合でも，トレーニングを中断すると心臓の能力は低下します。また，中断せずに強度を軽くしたり頻度を低下させたりしてトレーニングを継続していると，能力の低下は緩やかになるようです。

トレーニングの6原則
―各個人の能力，効果を確認しながら実践するための原則―

1 全面性の原則

　心身の機能が全面的に調和を保って高められるようにトレーニングすることが大切です。また，体力的要素をバランスよく高めることは，健康を維持していく上でも重要です。ランニングにおいても，走能力の向上のみに偏り

すぎることなく，筋力や柔軟性等にも配慮し，体のバランスの整ったケガの少ないランナーとなれるようにトレーニングを実践しましょう。

② 意識性の原則

　トレーニングは，目的，目標，内容，意義等を十分に理解したうえで実践しなければなりません。指導者においてもこれらを十分理解し，実施者に理解させるよう努めなければなりません。ランニングにおいても，走行中に，そのトレーニングの意義・目的やポイントとなる動き・部位等を意識することによりトレーニング効率が高まると考えられます。自ら進んで，自ら考えて行うことが効果的なトレーニングとなるのです。

③ 漸進性の原則

　体の能力が向上するのに伴い，徐々に運動刺激の強度や量を高める必要があります。トレーニングがある程度進行してくると，それまでの運動刺激の水準では，さらなる能力の向上が望めなくなります。ゆっくりとした速度から高速へ，短い距離から長い距離へと，課題に対して適応が認められたら，段階的に負荷を高めていくことが必要です。

④ 反復性の原則

　トレーニングを数回（数日）行っただけでは良い効果は期待できません。ある程度の回数を反復することによってそのトレーニングの効果をあげることが可能になります。1日に実施する長さ，1週間当たりの頻度なども重要で，規則的に長期間にわたって実践しなければなりません。ただし，たくさんやれば良いというものでなく，休養とのバランスを考えることも大切です。

⑤ 個別性の原則

　体力，運動能力は人それぞれ異なり，オリンピック選手が行うようなトレーニングを一般の人が行うことは傷害を伴う危険性があります。したがって，各々に合ったトレーニングを行う必要があります。自分自身の現状を理解し，最終的な目標を見据えながらも，短期的（1ヶ月程度）に到達できそうな目標を設定して，自分に合ったトレーニング内容を実践していく必要があります。他人との競争は，トレーニングを続けていく上で大きなモチベーションとなりますが，経験年数の長い人や能力の高い人に無理に合わせるこ

原理・原則をふまえたトレーニングを

とは，かえって逆効果となる場合があります。その人の一番弱いポイントから補強するようなトレーニングの内容を考えていかなければなりません。

6 継続性の原則

　トップ選手も短期間の練習で成果を上げるということは，ほとんどありません。何年もの歳月を経て，素晴らしい結果を出すことが可能になります。短期間で効果を上げようとすることはケガの原因にもなりかねません。したがって，トレーニングに体が適応するためには相当な時間を要するので，長期間トレーニングを継続する必要があります。鍛練期・試合期・休養期・移行期など，1ヶ月から数ヶ月単位で強度を変化させながら，目標に向かって進んでいくことも，長期間トレーニングを継続させる上では有効です。

6-2 どのくらい走れば マラソンを完走できるか

　ランニングを始めたばかりの頃はすぐに疲れがやってきますが，走り続けているうちに段々と長く走れるようになってきます。走ることが楽しくなり，少し自信が持てるようになってくると，挑戦したくなるのが「マラソン」，つまり42.195kmのレースではないでしょうか。ランニングブームの今，全国各地で大小さまざまなマラソン大会が開催されており，その数は年間に100あまりにものぼります。さて，初めてマラソンに挑戦しようと考えた時，果たして完走できるのだろうか，という不安は誰もが抱えるものだと思います。ここではその不安を和らげるための目安を紹介します。

「完走」ってどういうこと？

　毎年多くの日本人が参加する「ホノルルマラソン」には時間の制限がありません。ですからゆっくりでも，とにかくゴールにたどりつけば「完走」となります。しかしほとんどのマラソン大会では制限時間が設けられています。したがって，まずはその時間をクリアすることが必要となります。制限時間は長いもので7〜8時間です。スタートからゴールまでずっと同じスピードで進むと仮定すると，7時間でゴールするには時速6km程度になります。これは速足で歩くくらいのスピードです。これならあまりハードルは高くなさそうです。しかし，完「走」と言うからには歩くことなく最初から最後まで「走る」ことを目標にする方も多いと思います。では「走る」とはどのくらいのスピードのことを言うのでしょうか。図6-1は移動スピードと消費されるエネルギー量の平均的な関係を示したものです。エネルギー消費量は運動の効率を表します。グラフを見ると，時速8km付近を境に歩と走のエネルギー消費量が逆転しています。つまりそのあたりが「歩」と「走」の分かれ目となります。したがって時速8km以上を維持できれば，胸を張って「完走」と言えるのではないでしょうか。時速8kmでマラソンを走り切るとタイムは5時間16分。国内のマラソン大会では制限時間が5〜6時

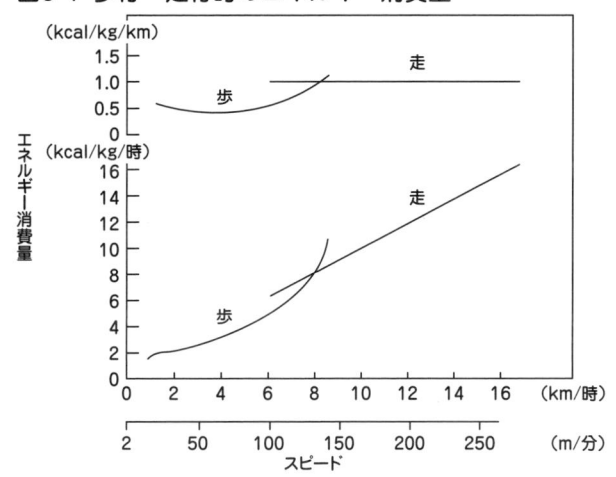

図6-1 歩行・走行時のエネルギー消費量

間の場合が多いので，そこをクリアすることが目標となるでしょう。

完走タイムを予測する

では次に，「今の力でマラソンを走ったらどのくらいかかるのか？」「5時間でマラソンを走り切るにはどのくらいの走力が必要なのか？」といった疑問について考えてみましょう。もちろん実際に42.195kmを走ってみればはっきりすることですが，もう少し気軽に目安を得る方法があります。それは10kmやハーフマラソンのタイムからフルマラソンのタイムを予測することです。次の式に自分のタイムを当てはめてみましょう。

【式1】マラソンタイム(分)＝5.48×10kmタイム(分)−28
【式2】マラソンタイム(分)＝2.11×ハーフマラソンタイム(分)

もし10kmやハーフマラソンのレースに出たことがなくても，普段のトレーニングで走る距離と時間がわかっていれば「10kmなら○○分で走れそうだ」という見当はつくと思います。この式によると，例えば10kmを70分で走れる人はマラソンで6時間を切ることができる，という計算になります。また逆に，フルマラソンを5時間で走るためには10kmを60分弱で走れることが目安となるということもわかります。ハーフマラソンのタイムがわ

かれば，式2でより精度の高い予測ができることになります。

どのくらいトレーニングをすれば完走できるか

「どのくらいトレーニングしていますか？」と聞かれたら，「月100kmくらい走ります」というように答える方が多いと思います。月間走行距離はランナーのひとつの物差になっていると言っても過言ではないでしょう。しかし，たくさん走る人ほどタイムが良いのでしょうか。図6-2は月間走行距離とマラソンタイムの関係を表したものです。確かにたくさん走る人の方が速いという傾向は見られますが，同じタイムを持つ人でも走行距離にはかなりの差があることがわかります。マラソンタイムが5時間くらいの人で見ると60〜170kmくらいまで広がっています。週あたりにすると15〜40kmくらいになります。したがって，どのくらい走れば良いかという問いに対してはかなり大雑把な答えしか出ないということになります。マラソンの完走目標タイムを決めたら，まずは前項の式で計算される10kmのタイムをクリアできるよう，自分で距離（時間）や頻度を調整しながら無理のないようトレーニングを進めていきましょう。また，第9章では，大学生を対象にした研究をもとに，ゴールタイムを予測する方法と完走のための練習量の目安を紹介していますので，あわせてご覧下さい。

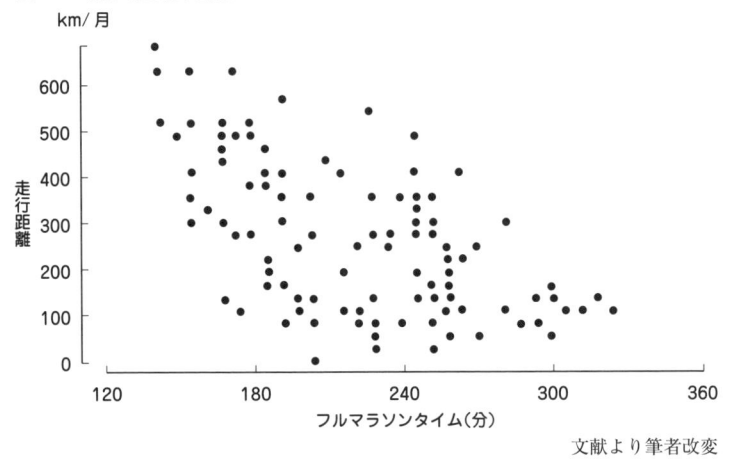

図6-2 月間走行距離とフルマラソンのタイム

文献より筆者改変

6-3 フォームの話

フォームが違えば筋肉の働きも変わる

地球上で暮らす動物は，全て生まれながらにして重力場という力学環境の中で運動や移動を行っています。歩行，ランニングなどの，前方へ移動するという同じ目的を持った運動でも，フォーム（歩き方，走り方）が異なれば，地面からの力の受け方も当然異なり，各関節の働きが異なってきます。

図6-3はチンパンジーとヒトが歩いているときに地面から受けている力と（A，B，C），それに伴う各関節の働きの違いを示した図です（D，E，F）。同じ二足歩行といってもチンパンジー（B）とヒト（C）では股関節，膝関節，足関節の働きのパターンが全く違っています。横から見たヒトの歩

図6-3 チンパンジーとヒトでの歩行メカニクスの比較（Sockol et al., 2007）

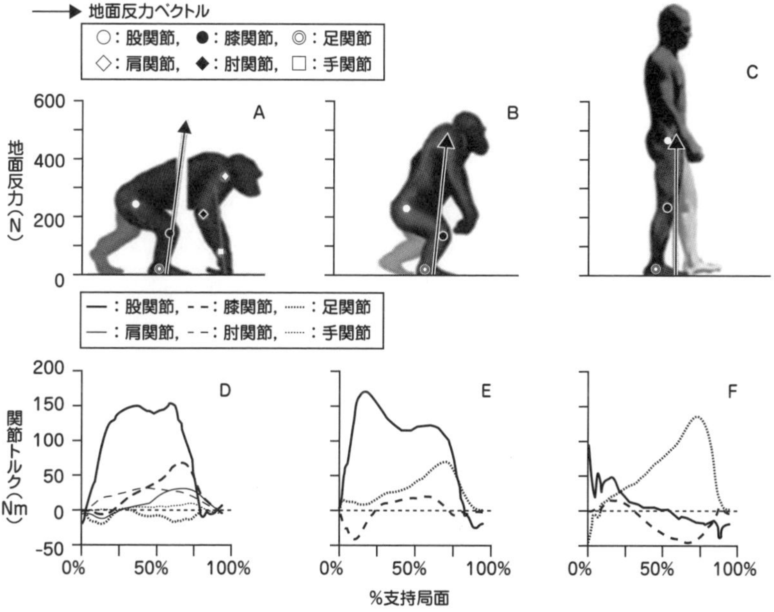

地面反力ベクトル
○：股関節，●：膝関節，◎：足関節
◇：肩関節，◆：肘関節，□：手関節
A
B
C
地面反力（N）
600
400
200
0
—：股関節，- -：膝関節，……：足関節
—：肩関節，- -：肘関節，……：手関節
D
E
F
関節トルク（Nm）
200
150
100
50
0
-50
0%
50%
100%
%支持局面

行は，足関節の働きが大きく，股関節の働きが小さいという特徴があります。チンパンジーとヒトを比べるなんて極端な比較かもしれませんが，フォームの違いによって各関節の働き，つまりは各筋肉の働きが異なるのだということが理解できます。

フォームは変えられる

　図6-4は「サルも訓練すればヒトと同じようなフォームで歩ける」という研究データです。トレッドミルの上を歩いているのは，まぎれもなくサルですが，なんともサルらしくない歩きです。普通のサルの二足歩行では，足が地面に着いている間の股関節点の軌跡は凹型となりますが（d），訓練されたサルでは凸型となり（c），ヒトと同じような歩きをします。エネルギー変換の観点からみても，訓練されたサルは効率が良いフォームになっていて（e），ヒトとは骨格が異なるサルでさえも，訓練すればフォームを大きく変化させられるということになります。フォームの違いによって各関節の働き，筋肉の働きが異なると前述しましたが，この訓練されたサルの骨や筋肉は通常のサルと違った発達をみせているようです。つまり，フォームが変われば，骨や筋肉へのストレス（負荷）が変化するということになります。

ランニング障害予防のためのフォーム

　レベルを問わずランニング障害に悩まされるランナーも多いのではないでしょうか。疲労骨折，シンスプリント，アキレス腱炎，足底筋膜炎など，いわゆる使いすぎ症候群と言われるランニング障害，実は悪いフォームが原因となっていることが多いのです。例えば，ランニング時の足の着き方の違いで，すねの骨の捻じれる力が異なるという研究データがあります。図6-5のように足を体の中心近くに着く走り方は，すねの骨のねじれ力が大きくなり，疲労骨折の原因となります。同じヒトでも，このようにフォームが異なると骨へのストレスも変化してきます。

　ランニング障害予防のためには，正しいポジションで体重を支える，特に片脚支持の機能が大切となります。例えば，図6-6左のように，片脚屈伸をした時に，膝が内側に入るようなフォームでは股関節，膝関節，足関節が

図6-4 訓練されたサルと通常サルでの歩行メカニクスの比較
（E.Hirasaki et al., 2004）

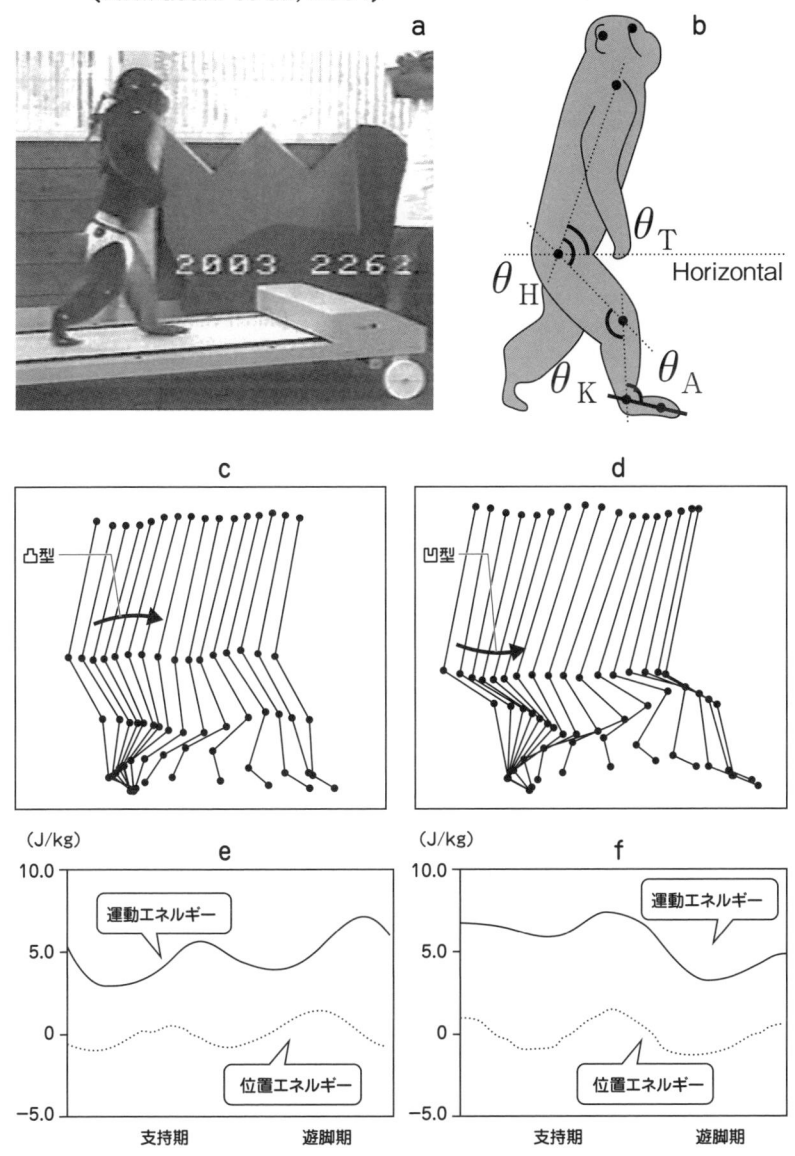

正しく働かず，不具合が生じやすくなります。部位ごとのストレッチや筋力トレーニングといった訓練によって，図6-6右のようなフォームに改善していくことが望まれます。このような改善がフォームづくりの基礎となります。

　フォームが変われば骨や筋肉へのストレス（負荷）が変わります。フォームは誰でも変えられます。訓練により正しい関節の動きを身につけることが，フォームづくりの基礎となります。ケガなく，楽しく，いっぱい走れるように，基礎訓練からフォームづくりを心がけていきましょう。

図6-5　足の着き方ですねの骨のねじれ力が異なる（Kawamoto et al., 2002）

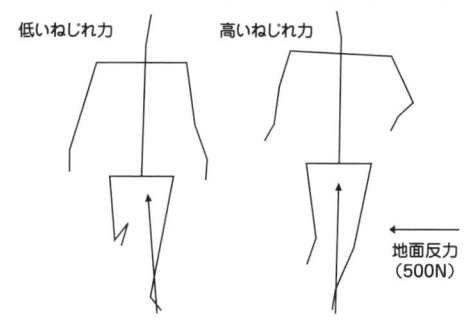

低いねじれ力　　　高いねじれ力

地面反力
(500N)

図6-6　片脚屈伸のフォーム

訓練前　　　　　　訓練後(1年後)

6-4 ストライド走法とピッチ走法

走スピードとストライドとピッチ

　人は2本の脚で移動するので，ストライドとピッチが表出します。ストライドは1歩の歩幅のことで，1歩で移動する距離とも言えます。地面に残った足跡を測ってみればストライドはわかります。もしくは，100mを何歩で走ったかを数えることによってもおおよそのストライドを求められます。100mを100歩で走ったのならば，100m÷100歩＝1mとなり，平均のストライドは1mとなります（ストライドは1歩ごとに変わるため，何歩かの平均で見る方が良いでしょう）。

　ピッチは，1歩を繰り返す頻度（速さ）のことです。1秒間に右，左，右と地面に3回足が着けば，ピッチは3歩／秒となります。ピッチは1分間あたりで考えることもできます。1分間に180回足が地面に着けば，ピッチは180歩／分，すなわち3歩／秒となります。

　ここで重要なことは，走っているスピードはストライドとピッチの掛け合わせだということです。

　　走スピード＝ストライド×ピッチ

　たとえば，ストライドが1mでピッチが3歩／秒であれば，スピードは3m／秒となります。これに1時間（3600秒）をかけることで，10.8kmとなり，1時間に10.8km進める速さだということになります。また，ストライドが1mでピッチが200歩／分であれば，分速200mとなり，1kmが5分のスピードとなります。このようにストライドとピッチの関係から，走スピードが決まりますので，目標とするペースで走るためには，ストライドとピッチがどのくらい必要かを考えることができます。

　図6-7は，走スピードを上げていった時（ゆっくりのジョギングから全力疾走まで）のストライドとピッチの変化です。ゆっくりのジョギングからスピードを上げていくと，ストライドとピッチの両方があがりますが，速い

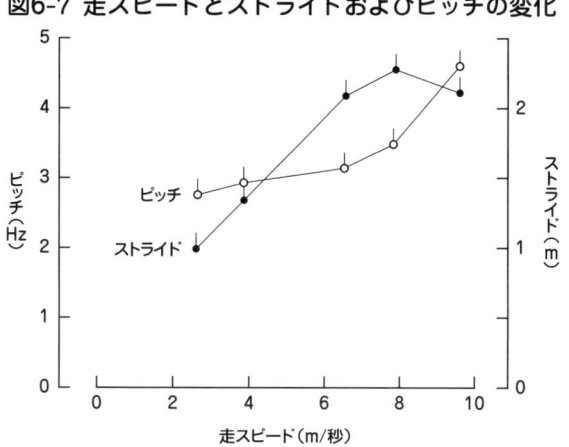

第6章 ステップアップのランニング

図6-7 走スピードとストライドおよびピッチの変化

スピードではピッチはあまり上がらず，ストライドが大きく増大していることがわかります。このようにスピードを上げるためにはストライドとピッチの両方を上げることが必要であり，長距離・マラソンでもペースが速くなるとストライドが大きくなる傾向が強いと言えます。

　図6-8は，子どもから大人まで全力疾走した時のスピード，ストライド，ピッチの変化を示しています。大人になるにつれてスピードが増大しますが，ピッチはほぼ一定で，ストライドがスピードとともに大きくなっていることがわかります。さらに，身長あたりのストライドを見ると，ほぼ一定になっています。すなわち，子どもが成長するとともに走スピードが速くなるのは，身長が大きくなるとともにストライドが増大することによるものと考えられます。一方，身長が大きくなっているにも関わらず，同じピッチで走れることは成長とともに身につけた能力とも言えるでしょう。このように発育発達という大きな幅で見てみると身長が大きいほどストライドが大きくなる可能性が考えられます。

　図6-9は，1歩を細かく分けて示したものです。1歩は，地面に足がついている支持期と足が地面に着いていない非支持期（滞空期）に分けられます。さらに，支持期は足が腰の前にある支持期前半と足が腰の後ろに送られる支持期後半に分けられます。おおよそ，支持期前半ではスピードが落ち，

図6-8 加齢に伴う走スピード，ピッチ，ストライドおよびその身長比の変化とスプリンターの値（宮丸ら，2001）

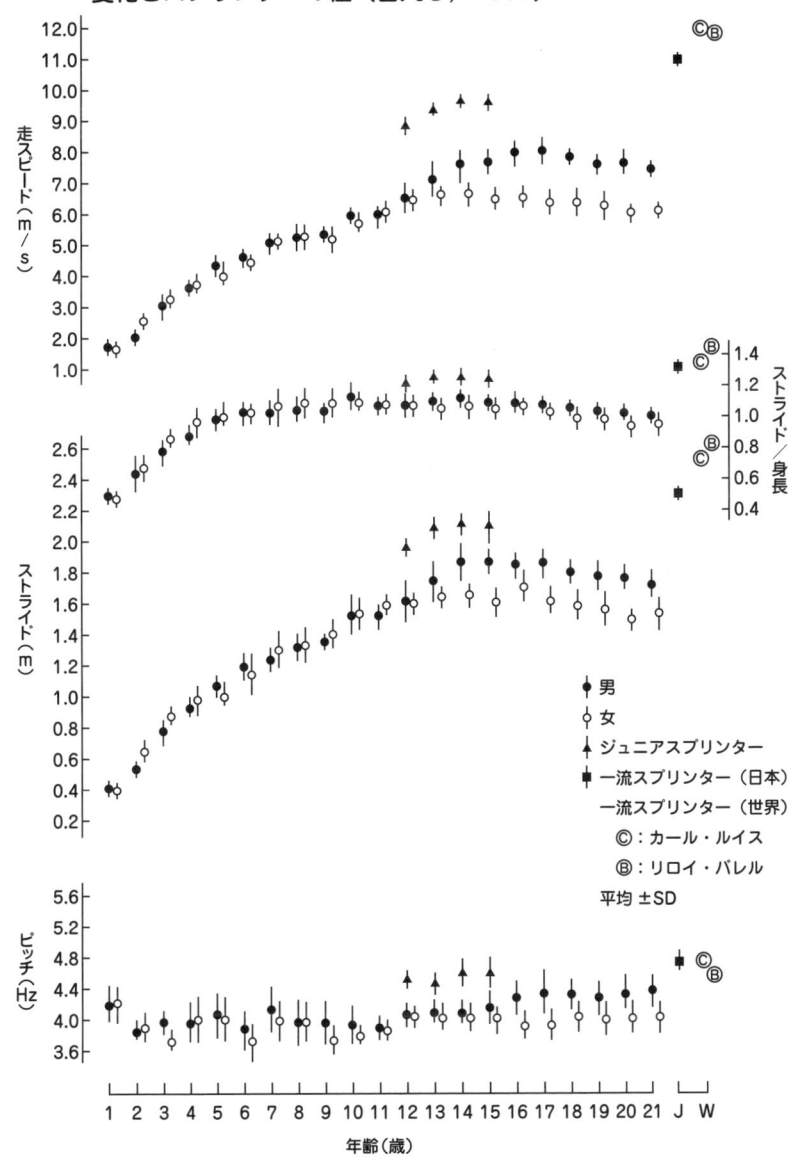

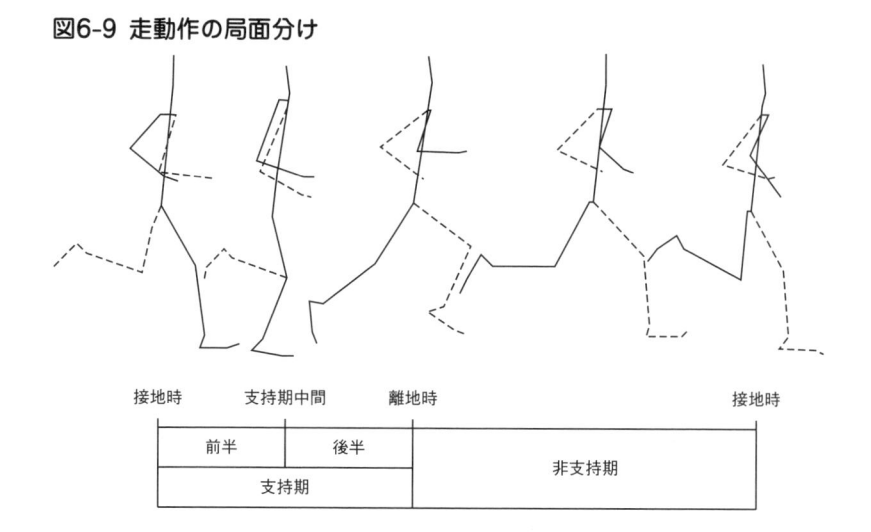

第6章 ステップアップのランニング

図6-9 走動作の局面分け

接地時	支持期中間	離地時		接地時
前半	後半	非支持期		
支持期				

支持期後半ではキックによってスピードが上がると考えて良いでしょう。

　ストライドとピッチも，このように分けてみることができます。ストライドでは，支持期に進む距離（支持期距離）と非支持期に進む距離（非支持期距離）に分けられ，支持期距離は足が腰のどのくらい前に着いたか（接地距離）と腰のどのくらい後ろに送ったか（離地距離）の合計でもみることができます。一方，非支持期距離は体が空中で進んだ距離です。スピードを上げてストライドが大きくなる時には，非支持期距離が大きくなることが示されています。

　ピッチは，1歩の時間の逆数です。すなわち，1歩の時間が小さいとピッチは大きくなります。これも1歩のうちでどの局面に時間がかかったのかを考えることができます。つまり，支持期時間と非支持期時間です。支持期時間は接地時間と表現されることも多く，ランニングの中で意識しやすい部分でもあります。

一流長距離選手のストライドとピッチ

　図6-10は，5000mレースにおいて競技レベル別にみたストライドとピッチ（ストライド時間）を示したものです。ピッチは，ストライド時間の逆数

図6-10 5000mレース記録別にみたストライドとストライド時間

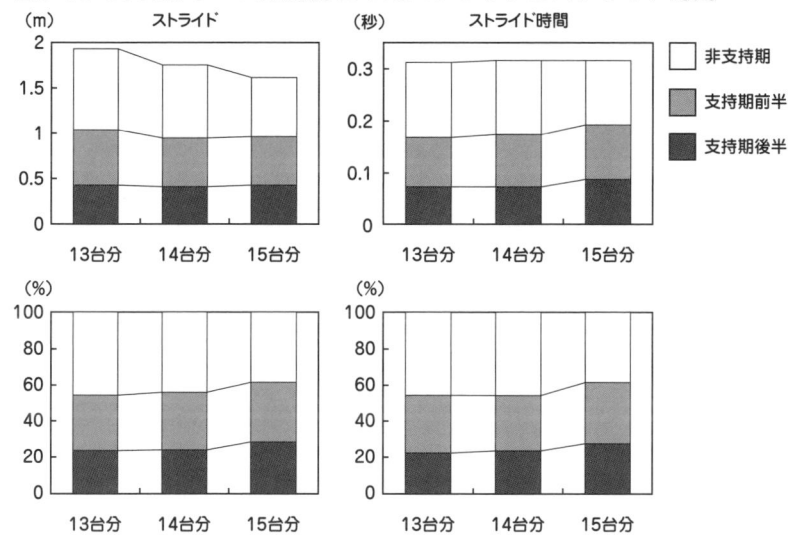

なので，ストライド時間が大きいほどピッチが小さいということになります。5000m13分台から15分台の選手の間には，ストライド時間（ピッチ）には差はみられず，ストライドに大きな差があることがわかります。さらに，ストライドの差は非支持期距離によるものであることがわかります。ストライド時間をみると13分台の選手では非支持期時間がやや大きいものの支持期前半と後半の時間が短く，全体の時間に差はなくともその内訳に差があることが示されています。この結果から一流選手のストライドとピッチにみられる特徴は，以下のようになります。①ストライド，その中でも非支持期距離が大きい，②ピッチが大きいわけではないが，支持期時間は短い。

疲労するとストライドとピッチはどのように変化するか

マラソン後半ではピッチの低下が生じやすくなります。これは筋肉が疲労すると力の発揮が遅くなることから，体重を受けとめるための時間が増大するため支持時間が増大し，ピッチが低下するというのが一般的な疲労による変化です。ストライドはすでに述べたとおり，スピードにより大きく変化しますので，疲労による変化というよりは疲労によりスピードが低下したこと

でストライドが減少するということが起こっていると考えられます。しかし，ピッチが低下した時にストライドを増大することでスピードを維持することが可能です。さらに，支持時間が増大した時に，非支持時間を短くしてピッチを維持することも可能で，一流のマラソン選手はこのような技術を持っているようです。

　疲労と一概に言っても，どこが疲労しているかによっても変化は大きく異なるでしょう。脚は元気でも呼吸が苦しい場合や脚の筋が疲労した場合でもふくらはぎなのか，太ももの前面なのか，後面なのかなどでも大きく異なるでしょう。疲労した時にそれぞれに起こりやすいストライドとピッチの変化をとらえて，その時の対処を習得しておくことはマラソンでは重要な技術と言えるでしょうし，疲労による変化を生じないようにする工夫も同様に重要でしょう。

ストライド走法とピッチ走法とは？

　あるスピードに対して比較的ストライドの大きい走りをストライド走法，比較的ピッチの大きい走りをピッチ走法と呼びます。では，どのくらいがストライド走法で，どのくらいがピッチ走法となるのでしょうか。これらは一概に決められるものではありません。一般的には，多くのランナーのピッチは200歩／分あたりです。180歩／分に近づけばストライド走法，220歩／分に近づく，あるいはそれ以上になればピッチ走法と言えるでしょう。ランナーやコーチがストライド走法やピッチ走法と分類する場合，身長に対するストライドの大きさや同じピッチでも支持期と非支持期の時間の割合なども関係しているようです。表6-1は，女子マラソンの高橋尚子選手と野口みずき選手のトラックレースを走った時のスピードとピッチを分析したものです。高橋選手はピッチ走法の代表で，野口選手はストライド走法の代表です。高橋選手のピッチは確かに大きいのですが，野口選手はストライドが大きいというわけではありません。身長に対するストライドが大きく，特に非支持期距離が大きいため，跳ぶようにダイナミックに走ることが特徴で，これがストライド走法と言われる所以でしょう。しかし，非支持期距離が大きいと上下動が大きくなりがちです。もう一方の見方では，上下動が小さいと

表6-1 高橋選手と野口選手のストライドとピッチの比較

		高橋選手	野口選手	学生選手 （5000m14分台）
走速度	m/s	5.22	5.04	5.56
ストライド	m	1.44	1.43	1.71
ストライド／身長		0.892	0.952	1.011
支持期距離	m	0.862	0.748	0.928
非支持期距離	m	0.573	0.679	0.781
ピッチ	歩/s	3.64	3.53	3.26
支持時間（接地時間）	s	0.167	0.150	0.169
非支持時間（空中時間）	s	0.108	0.133	0.139
身体重心の上下動	cm	5.39	5.94	6.94
接地後の身体重心の低下	cm	3.42	2.77	3.58
ブレーキ	m/s	0.175	0.150	0.273

ピッチ走法，大きいとストライド走法と言われることもあります。しかし，これは本質的ではありません。ストライドが小さいのに上下動が大きいと非常にロスになります。ランナーを横から見たときの腰の軌跡が細かく波打つことになるからです。そのため，上下動を小さく抑えて，ストライドを大きくすることは長距離走にとって究極的な目標とも言えます。

　以上のように，ストライド走法とピッチ走法は単純にストライドやピッチの大きさのみで決まるものではないようです。しかし，今の自分がストライドとピッチのどちらが大きいのか，スピードを上げていくためにストライドとピッチのどちらをどのくらい上げると良いかを考えることはとても重要です。また，疲労した時にどちらがより大きく落ちやすいのかを知っておくことも，レースでのスピードの低下を防ぐうえで重要です。このようにストライドとピッチの意識を持つためにもストライド走法やピッチ走法という分類が1つのきっかけになるでしょう。

6-5 呼吸のリズムをつかむ

「吸う」より「吐く」を強める

　小学校の運動会での「徒競走」を思い出してみてください。呼吸が激しく，息苦しい経験がよみがえってきませんか。呼吸は，空気中の酸素を体内に取り入れるために必要です。有酸素運動であるランニングをしている時には，毎分100lあるいはそれ以上の空気を取り込むことになり，安静時の10～20倍にも達します。それでは，ランニングをしながら呼吸を楽にするにはどのようにすれば良いのでしょうか。

　呼吸を意識せずに，自然のリズムでランニングができれば一番望ましいのですが，スピードが増してくればそれに比例して酸素がたくさん必要になります。すると，今まで別段苦しくなかったのに，息が苦しくなったり，呼吸のリズムが乱れてきたりします。呼吸の方法も安静時の鼻呼吸から，口を加えた「鼻－口呼吸」へと体の要求量に応じて変化していきます。

　また，呼吸は「呼気」と「吸気」に分けることができます。ランニングする際に楽な呼吸のリズムを心がけるには，空気を吸う「吸気」よりも，吐きだす「呼気」を強めることが効果的であるといわれています。吐かなくては吸えないわけで，呼気を強めることにより吸気も一層強められるのです。世界的に有名なオーストラリアの陸上競技の指導者である故パーシー・セラティ先生は，それを「馬のような呼吸」と表現しています。

四歩一呼吸が効果的

　「走るドクター」こと川崎市生涯学習振興事業団の野田先生は，走りながら「大きくなめらかな呼吸」をしているか，自分で意識してみようと指摘しています。ここでの「大きな呼吸」とは，肺活量を目一杯使うことです。

　肺活量の概念を図6-11に示しますが，走りながら時々意識的に大きく呼吸すると，機能的残気量（肺に残っている空気の量）を少なくする効果もあ

ることが分かります（吸い込んだ空気中の酸素を肺の中に残さず，できるだけ体内に取り入れることにより，空気中の酸素が有効に使われます。機能的残気量をできるだけ少なくすることは，肺胞がたえず新しい酸素を入れ替えられることを意味します。）

呼吸はリズムだと言いましたが，走るリズムと合わせるとより楽な呼吸ができると言われています。このリズムも呼気を重点に１歩で「ハッー」と吐いて，次に吸うわけですが，２歩間隔で吐くのも良いかもしれません。２歩で吐いて，２歩で吸う「ハッー，ハッー，スー，スー」の四歩一呼吸のリズムもまた効果的です。

ランニングに慣れてきたら，このように意識的に呼吸のリズムをつくってみると，楽な呼吸の仕方をつかむことができるのではないでしょうか。もちろん呼吸が苦しい状態が続くと，長く走ることはできません。これがオーバーペースです。その人の実力では，無理なペースで走っている証拠です。そのような場合は，スピードを落として，呼吸を整えることのできる速さで走ることによって，楽な呼吸を獲得しましょう。誰でも最初は苦しいものです。しかし，やがて気持ち良く走れるようになる時がくるものです。

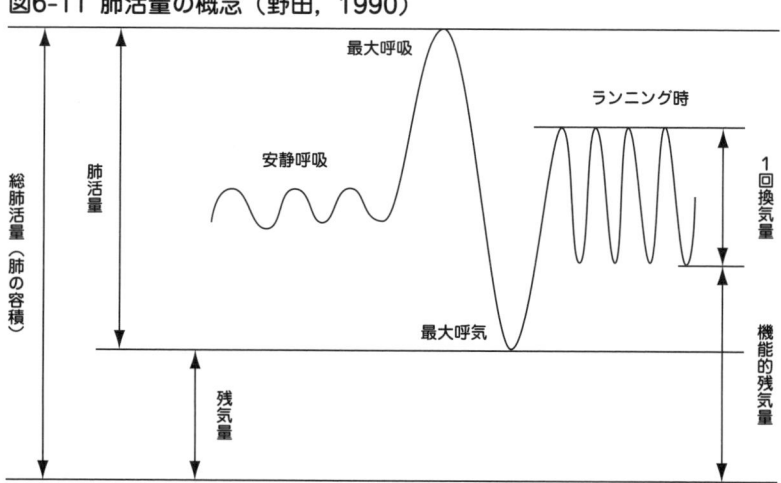

図6-11 肺活量の概念（野田，1990）

第6章　ステップアップのランニング

●参考文献
・青山学院大学体育研究室編（1999）HEALT & SPORT［Campus Life 編］，杏林書院，pp41-42.
・国学院大学スポーツ・身体文化研究室編（2005）教養としてのスポーツ・身体文化，大修館書店，pp66-80.
・征矢英昭・山本貢・石井好二郎編（2003）これでなっとく使えるスポーツサイエンス，講談社，pp155-165.
・竹宮隆・石河利寛編（1998）運動適応の科学，杏林書院，pp186-192.
・トレーニング科学研究会（1996）トレーニング科学ハンドブック，朝倉書店，pp18-26.
・森谷敏夫編著（1999）運動と生体諸機能　適応と可逆性，有限会社ナップ，pp123-129.
・東京大学身体運動科学研究室編（2009）教養としての身体運動・健康科学，東京大学出版会，p54.
・R. Margaria（1996）J. Appl. Physiol., 21, 1662-1664.
・Tim D. Noakes（2001）Lore of Running（4th ed.），Human Kinetics, p80.
・石河利寛・竹宮隆編（1994）持久力の科学，杏林書院，p245.
・Sockol MD, Raichlen DA, Pontzer H.（2007）Chimpanzee locomotor energetics and the origin of human bipedalism. Proc Natl Acad Sci U S A. 104（30）：12265-9.
・Hirasaki E, Ogihara N, Hamada Y, Kumakura H, Nakatsukasa M.（2004）Do highly trained monkeys walk like humans? A kinematic study of bipedal locomotion in bipedally trained Japanese macaques. J Hum Evol. 46（6）：739-50.
・Kawamoto R, Ishige Y, Watarai K, Fukashiro S.（2002）Primary factors affecting maximum torsional loading of the tibia in running. Sports Biomech. 1（2）：167-86.
・阿江通良（1992）陸上競技のバイオメカニクス（In）陸上競技指導教本―基礎理論編―（Ed）日本陸上競技連盟，大修館書店，pp33-53.
・加藤謙一（2004）走能力の発育発達（In）バイオメカニクス―身体運動の科学的基礎―（Ed）金子公宥・福永哲夫，杏林書院，pp178-185.
・野田晴彦（1990）ランニング質問箱，㈱ランナーズ．
・ランニング学会編（2001）今日からはじめる実践ランニング読本，山海堂，pp39-40.

第7章
ランニングは科学が生きるスポーツだ

7-1 最大酸素摂取量の話

ランニング中のエネルギーは骨格筋のアデノシン三リン酸（ATP）という高エネルギー化合物がアデノシン二リン酸に分解する時に得られます。しかし骨格筋のATPの含有量はとてもわずかで，走る距離にして数十mで使い切ってしまうほどしかありません。そこで，分解すればすぐさま他からエネルギーを供給してATPに再合成し，また分解してエネルギーを供給することを繰り返しています。

ゆっくり走る場合は糖や脂肪を酸化してATP再合成のエネルギーを得ています。ランニングの場合，走る速度に比例してエネルギーの必要量が増しますから，必要な酸素量が直線的に増します。ヒトが摂取できる酸素量は心肺機能と毛細血管の発達具合，筋肉のミトコンドリアの機能に依存します。図7-1はランニングスピードと酸素摂取量の関係を示したものです。一定スピードで走る時の酸素摂取量は，スピードに応じて直線的に増加します。Aさんは時速12kmをこえてもスピードに応じた酸素を摂取することができ

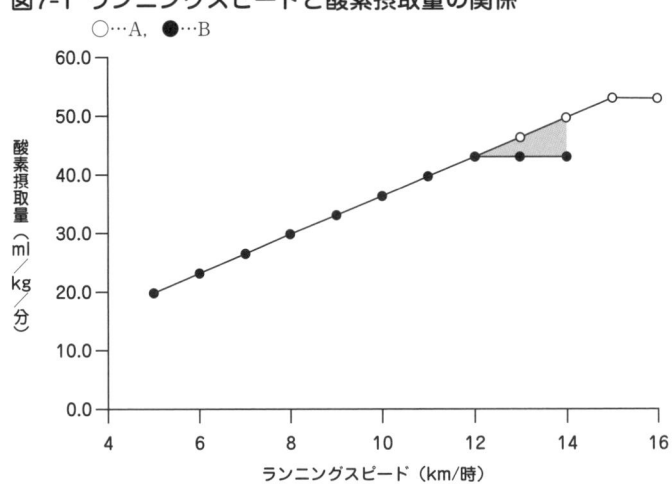

図7-1 ランニングスピードと酸素摂取量の関係
○…A，●…B

ているのに対して，Bさんはそれ以上酸素を摂取することができません。このとき最大酸素摂取量が発現したと言います。

Bさんは図の灰色の部分に相当するエネルギーを他でまかなっていることになります。その時，糖を乳酸まで分解する過程でATP再合成のエネルギー供給を行いますが，乳酸がたまりすぎると体が酸性に傾き，筋肉の収縮が阻害され，また糖が分解できなくなってしまい，それ以上運動を継続できなくなります。一方，Aさんは時速15kmまで必要な酸素を摂取できています。

ですから最大酸素摂取量が高ければ高いほど，長距離走が速く走れることになります。また最大酸素摂取量は健康と密接に関係しています。澤田亨先生たちの研究を紹介しましょう。約9,000人の東京ガス従業員の最大酸素摂取量を測定し4ランクに分け，平均18年間観察しました。その間がんで亡くなった人の割合を比較すると最大酸素摂取量が低い群ほど高かったのです（図7-2）。また最大酸素摂取量が低い人ほど心臓病，高血圧，糖尿病に罹患しやすいことが分かっています。このように最大酸素摂取量は健康に密接に関係するため，厚生労働省は健康の維持のための基準値を示しています（表7-1）。

最大酸素摂取量とランニングの記録には密接な関係があるので，記録から

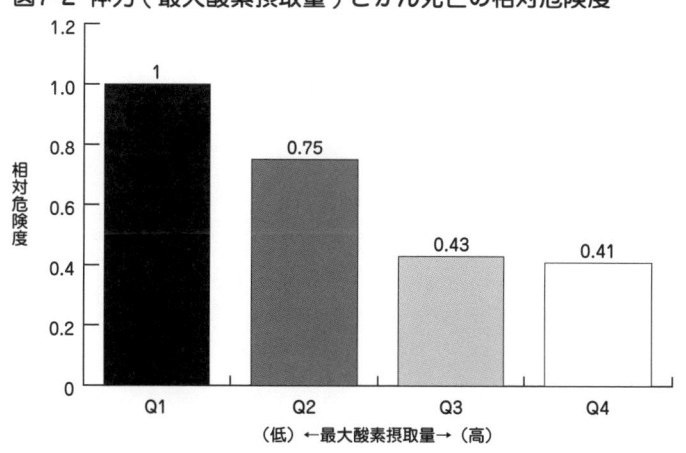

図7-2 体力（最大酸素摂取量）とがん死亡の相対危険度

最大酸素摂取量を予測することができます。例えばフルマラソンを6時間で走れたとすると，このスピードでの酸素摂取量はおよそ26.8ml／kg／分。マラソンは最大酸素摂取量の50～70％で走行しますので，38～53.6ml／kg／分の最大酸素摂取量の持ち主と推定されます。那覇マラソンの制限タイムが6時間15分ですから，那覇マラソンを完走したランナーは健康な体力水準であると太鼓判を押せそうです。

　最大酸素摂取量は加齢とともに著しく低下する体力因子です。10年でおよそ10％低下します。フルマラソンの年齢別ランキングをみてみますと，84歳のトップは5時間38分（推定最大酸素摂取量の範囲：40.7～58.ml／kg／分）で走っていますから，若者以上の体力を保持できていることになります。まさしくランニングでアンチエイジングを実現しているのです。

表7-1　健康づくりのための性・年代別の最大酸素摂取量の基準値（ml／kg／分）

	20歳代	30歳代	40歳代	50歳代	60歳代
男性	40	38	37	34	33
女性	33	32	31	29	28

7-2 乳酸性作業閾値を知ることが成功につながる

　ゆっくりしたスピードで走っていれば乳酸は安静時とほぼ同等ですが，少しずつスピードを上げていくと，あるところから乳酸が急増し始めます。この乳酸が上昇し始めるスピードを乳酸性作業閾値（LT）と呼びます。LTは最大酸素摂取量と密接な関係があり，LTが最大酸素摂取量を反映しています。

　ランニングでは糖（グリコーゲンまたはグルコース）や脂肪を酸化して水と炭酸ガスに分解する過程で多くのエネルギーを得ています。したがってランニングは有酸素運動と言います。ところで糖はピルビン酸を経て酸化されるのですが，スピードが速くなり，糖の分解速度がピルビン酸の酸化速度をこえてしまうとピルビン酸が乳酸に還元されます。糖がピルビン酸まで分解される過程で若干ATPを再合成するエネルギーを得ることができるのですが，この時には，乳酸がたまってしまう現象が起こるのです。

　乳酸がたまるということは糖の分解が増している証拠です。ですからスピードが上がれば上がるほど糖の分解が加速することになります。実際，糖と脂肪のエネルギー貢献度を調べてみますと，図7-3のようになりました。この例では，LTに相当するスピードまではスピードに関係なく糖で70％弱，脂肪で30％強のエネルギーがまかなわれています。ところが乳酸がたまりだすとそれに応じて糖でまかなわれる割合が増し，脂肪のエネルギー貢献度が減っていきます。

　ところでファーレル先生たちはマラソンの平均スピードがLT相当の走スピードに近似することを見出しました。このことからLT相当の走スピードを見つければマラソンの記録が予想できます。言い換えれば糖を節約して走れるスピードが速い人ほどマラソンを速く走れることになります。

　マラソンのような長時間の運動では，疲労困憊状態の時に筋中のグリコーゲンが枯渇していることが知られています。ですからフルマラソンではグリコーゲンを節約して走ることが大事ですので，LT近辺のペースを守れば，

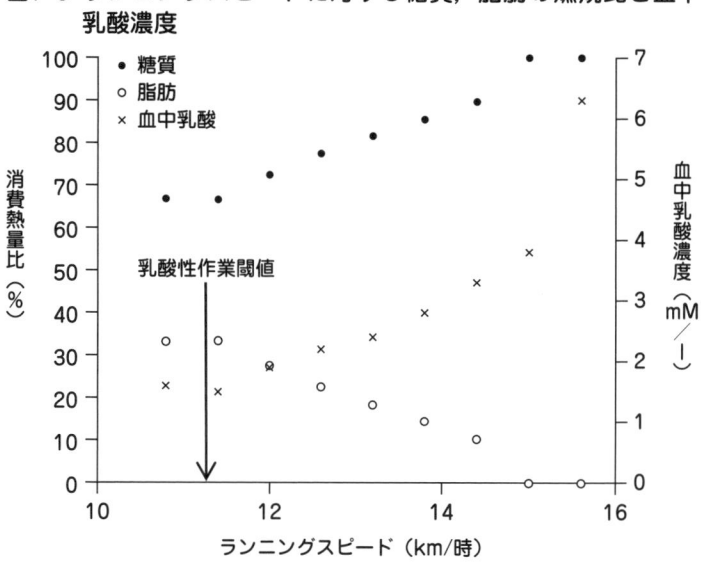

図7-3 ランニングスピードに対する糖質,脂肪の燃焼比と血中乳酸濃度

フルマラソンを完走でき,しかも良い記録で走れるとの仮説が成り立ちます。逆にスタート直後はLTをこえるスピードで走っても楽に走れるからといって,前半のうちに稼いでおこうとするとグリコーゲンを多く消耗してしまいますので,後半の失速につながりかねません。

このような考え方をもとに私自身,乳酸性作業閾値相当の走スピードを測り,マラソンにチャレンジしてみました。その結果を図7-4に示しています。黒丸印の私のデータはほとんどが自己記録ですが,見事にファーレル先生たちのプロットとならんでいます。また×印は一般の市民ランナーに協力してもらってLT相当の走スピードを測り,そのスピード近辺で走ることをアドバイスした結果です。1名(途中膝を痛め歩かざるを得なかった)を除いて,他のプロットもファーレル先生たちのプロットの延長上に並びました。

フルマラソンの記録があればその平均スピードはあなたのLTスピードに近似しているはずです。また,もし前半速く走りすぎて,後半失速したのであれば,LTは平均スピードよりも少し速いと考えてよいと思います。

図7-4 乳酸性作業閾値に相当する走スピードとフルマラソンの平均スピードの関係

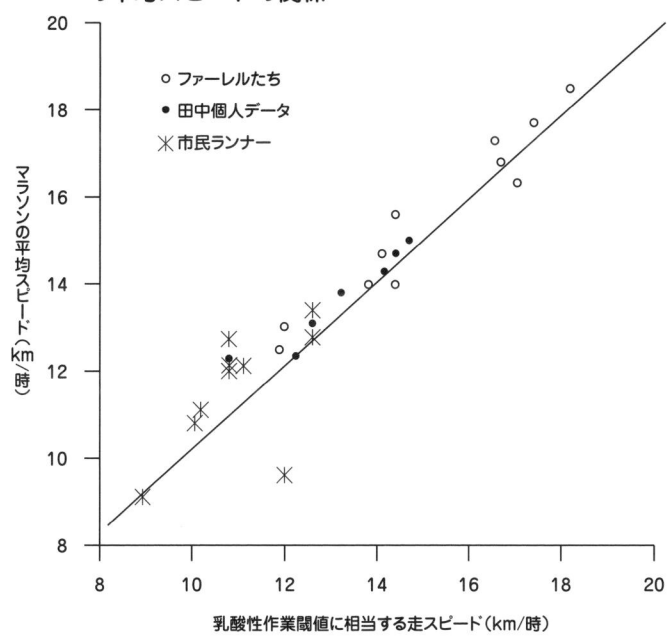

7-3　心拍数を使いこなそう

　一定スピードで4～5分走ってみましょう。立ち止まって直ちに手首で脈拍を15秒間測ってください。その値を4倍して10を足します。例えば30拍であれば30×4+10=130拍／分となります。（この時に10拍足す理由は，運動が終了すると脈拍数はすぐに減少していきますが，その数は15秒間でおよそ10拍に相当するからです。）このスピードに対応する心拍数が130拍／分ということになります。少しスピードを上げて同じように心拍数を測ってみます。さらにスピードを上げて繰り返すと，心拍数はスピードに応じて直線的に上がっていくことが分かります。

　最大心拍数はおよそ220−年齢で推定できます。つまり30歳であれば190拍／分前後となります。ただし，かなり個人差があり，160～210拍／分に分布します。

　さて，トレーニングを積んだ人は同一スピードで走っても心拍数はあまり上がりません。トレーニング効果が上がり，最大酸素摂取量が高まると同一スピードに対する心拍数が低下してきます。

　図7-5をごらんください。スピードに応じて心拍数は直線的に上昇します。また最大酸素摂取量の高い人ほど同一スピードで走った時の心拍数は低くなります。これは，スピードを持続するのに必要な酸素量は変わりませんが，トレーニング効果が上がることによって心臓のポンプ機能が高まり，心臓が1回の収縮で送り出せる血液の量が多くなるために，低い心拍数で済むのです。ですからトレーニングを積み，最大酸素摂取量が高まると同一スピードでの心拍数が低下してきますので，一定条件で測れれば，トレーニング効果を客観的に判断する良い指標になります。

　またトレーニング強度の指標としても有効です。フルマラソンの記録を持っている人は推定したLTのスピードで走って4～5分経過後に測定してみると良いでしょう。測った心拍数を指標にすれば，適当なトレーニング強度であるかどうかを確認することができます。運動中の心拍数を簡単に，か

つ正確に測れる腕時計式の心拍数計が市販されていますので，このような心拍数計を用いれば，強度確認が極めて容易にできます。

さらにレース中のペースの確認にも大変有効です。基本的にレース中は生理的に一定になるようなペースで走るべきです。レース中に心拍数を確認できればオーバーペースを防ぐことができます。特に上り坂では生理的にオーバーペースになりがちです。心拍数を確認しながらペースを整えると無駄なエネルギーを使うことなくて済みますので，フルマラソンでは相当威力を発揮します。

ただし持続時間が長くなると，同一の酸素摂取量の運動でも心拍数は少しずつ高くなります。また気温，湿度の高い時も心拍数が高くなります。これは体温が高くなるため皮膚の血流量を増すからです。この点を念頭においてうまく心拍数を使いこなしましょう。

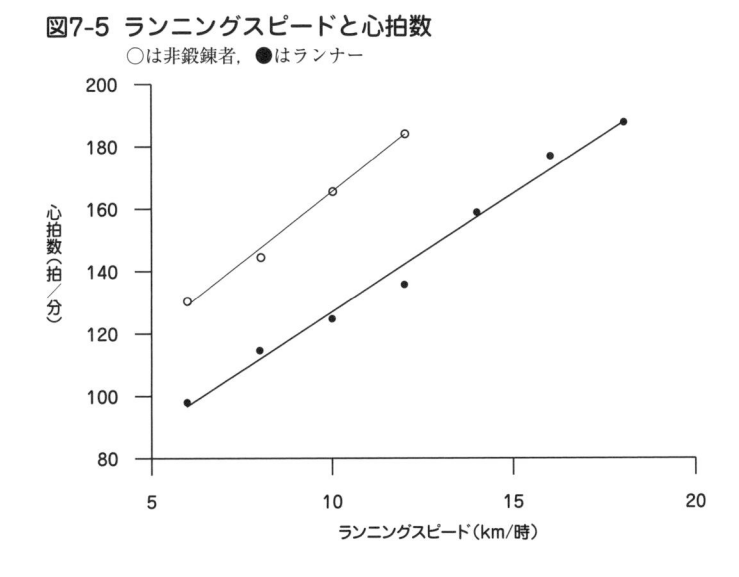

図7-5 ランニングスピードと心拍数
○は非鍛錬者，●はランナー

7-4 軽ければ速くなるか

　重い荷物を持って走ってみてください。普段楽に走れていたスピードでも息切れが起こります。ランニングの仕事量は，体重をどれだけの距離（重心の移動距離）運んだかで決まります。つまり同じ距離を走れば，体重が軽ければ軽いほど仕事量が少ないので，必要なエネルギー量は少なくて済むのです。

　トレッドミル（ランニングマシーン）を用いて実験をしてみました。3つの異なるスピードで走り，疲労困憊に至る時間を測ってみます。次に10kgのウエイトジャケットを着て同じことを行います。ウエイトジャケットを着た場合は確実に疲労困憊に至る時間が短くなります。横軸を疲労困憊に至る時間，縦軸に体重×走行距離として3つの異なるスピードでの値を比較すると両者の関係は直線関係になります（図7-6）。ウエイトジャケットを着たデータは（体重＋10kg）×走行距離として同じグラフにプロットすると見

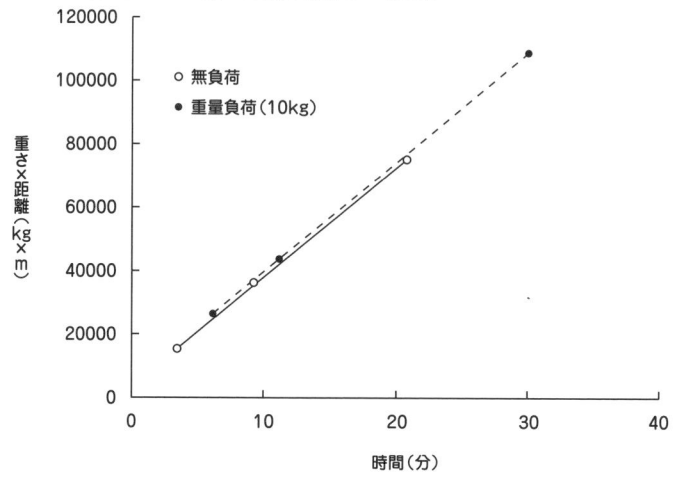

図7-6　3種の異なるスピードでの最大持続時間と体重または体重＋10kg×走行距離との関係

事に前者の直線上に重なります。つまり，体重が軽ければそれだけ同じスピードでも長く走れ，同じ距離を全力で走る場合は当然速く走れることになります。

　一定スピードで走る時に必要な酸素量は，体重当たりにすると個人差はほとんどありません。またスピードが速くなれば，それだけ必要な酸素量が多くなり，両者に直線関係が成り立ち，次のような予測式が成り立ちます。

体重当たりに必要な酸素量（ml／kg／分）＝0.2×スピード（m／分）＋3.5

　この式を用いると，体重が軽くなればどれだけ速く走れるか予測することができます。

　フルマラソンの記録を予想してみましょう。仮にAさんは体重が60kgで自己記録が6時間であったとしましょう。Aさんが5kg減量できたとします。持ちタイムのフルマラソンの平均スピードは42195m÷360分≒117.2m／分です。このスピードで走る時に必要な酸素量は0.2×117.2（m／分）＋3.5≒26.9（ml／kg／分）です。Aさんは体重が60kgでしたので26.9（ml／kg／分）×60kg≒1616（ml／分）の酸素を供給しながらフルマラソン

表7-2　5kg減量に伴うフルマラソンの記録短縮効果

マラソン の記録	体重（kg）					
	50	55	60	65	70	75
6°30	5°45	5°49	5°53	5°56	5°58	6°01
6°15	5°32	5°36	5°39	5°42	5°44	5°46
6°00	5°19	5°23	5°26	5°29	5°31	5°33
5°45	5°06	5°10	5°13	5°15	5°17	5°19
5°30	4°53	4°56	4°59	5°01	5°03	5°05
5°15	4°40	4°43	4°46	4°48	4°50	4°51
5°00	4°27	4°30	4°32	4°34	4°36	4°38
4°45	4°14	4°16	4°19	4°21	4°22	4°24
4°30	4°00	4°03	4°05	4°07	4°09	4°10
4°15	3°47	3°50	3°52	3°53	3°55	3°56
4°00	3°34	3°36	3°38	3°40	3°41	3°42
3°45	3°21	3°23	3°25	3°26	3°28	3°29
3°30	3°07	3°09	3°11	3°13	3°14	3°15
3°15	2°54	2°56	2°58	2°59	3°00	3°01
3°00	2°41	2°43	2°44	2°45	2°46	2°47
2°45	2°27	2°29	2°30	2°32	2°32	2°33
2°30	2°14	2°16	2°17	2°18	2°19	2°19

を完走できる能力を持っていることになります。この能力が変わらないとすれば5kg減量できたのですから，体重当たりに必要な酸素量は1616（ml／分）÷55kg≒29.4(ml／kg／分)です。さて体重当たりに必要な酸素量（ml／kg／分)＝0.2×スピード（m／分)＋3.5の式を用い，逆に体重当たりに必要な酸素量で走れるスピードを求めてみましょう。すると129.5m／分になります。つまりフルマラソンは5時間26分で完走できると予想できます。体重1kg減でおよそ6分の短縮です。

表7-2にはフルマラソンの記録と体重別に5kg減量した場合の予想タイムを示しました。私自身3時間30分のタイムでしたが，その後さしたるトレーニングをすることなく，食事制限の併用により数ヶ月で10kg減量に成功し，予想通りサブスリーを達成することができました。

7-5 高地トレーニングの科学

　有森裕子選手，高橋尚子選手，野口みずき選手と日本女子選手が世界のトップランナーとして活躍しました。みなさん共通して，長期にわたって高地で生活して，トレーニングを行っていたのです。高地では酸素が薄くなるために，それだけ血液中に酸素を取り込める量が少なくなります。このような状況下でトレーニングを行えば血液中の酸素運搬能力が高まることが期待できます。最も大きく期待されているのは酸素を運搬する赤血球の増加です。しかし期待した効果は必ずしも上がらないとする研究が多くみられます。標高が1つの課題のようで，効果を得るには2,500m以上のかなりの高地で，長期に滞在する必要があると考えられています。

　さらに高地ではどうしてもトレーニング強度が低くなるため，筋量が低下したり，筋の酸化能力が思ったより向上しないというマイナス面も憂慮されています。

　この欠点を補う方法として生まれてきたのが，リビング・ハイ‐トレーニング・ローという方法です。高いところで生活して赤血球を増して，低地におりてきてトレーニングすることによって高地トレーニングで強度が低くなる欠点を補おうとするアイデアです。しかしこのような環境はめったにありません。そこでフィンランドでは低酸素の家が開発され，このような家に住み，外でトレーニングをするという選手が増えています。

　赤血球を増やすには腎臓からエリスロポエチンというホルモンが分泌されなければなりません。腎臓への酸素供給が減少すると，このホルモンが分泌されることが分かっています。エリスロポエチンの分泌を手掛かりに，2,500m以上の標高に相当する酸素分圧まで酸素濃度を下げた環境を作り，1日12時間から16時間過ごすこと，さらに4,000～5,000mに相当する低酸素状態で数時間過ごすことで赤血球の増加効果が期待できることが分かってきました。低酸素を作る装置があれば，かなり手軽に高地トレーニング効果を得られることになります。

一方，低酸素（14.5%の酸素）を吸いながらトレーニングすることで，持久力が高まることが分かってきました。長距離選手を2群に分け，普段のトレーニングに1群は低酸素（14.5%の酸素）で，他群は常圧下で80%最大酸素量に相当する高強度のトレーニングを追加し，比較しました。すると低酸素トレーニング群のみ最大酸素摂取量が増加し，一定スピードでの持続時間が延長しました。しかし，低酸素トレーニング群の赤血球数の増加は認められていません。この効果は骨格筋内の低酸素で特有に誘導される遺伝子発現により，筋肉の毛細血管と筋内の酸素を運搬するミオグロビンが増加するために起こるのです。

　このような発見から，1日に低酸素（10～14%）を3時間吸入＋平地の通常トレーニングに加えて週1～2回3000m程度の高地に相当する低酸素（10～14%）を吸いながら高強度トレーニング（～30分）を行うような方法が一流選手にとりいれられています。前者は赤血球増を，後者は筋肉の適応を引き起こすことがねらいです。低酸素ボンベはそれほど高価ではありませんので私たちでも低酸素トレーニングができるかもしれません。また最近では低酸素室が販売されています。

● 参考文献
・Sawada S et al.（2003）Cardiorespiratory fitness and cancer mortality in Japanese men：a prospective study. Med. Sci. Sports Exerc 33：1540-1550.
・Farrell et al.（1979）Plasma lactate accumulation and distance running performance. Med Sci Sports 11：338-344.
・田中宏暁（2005）賢く走るフルマラソン，ランナーズ社．
・厚生労働省（2006）健康づくりのための運動基準2006．
・Millet GP et al.（2010）Combining hypoxic methods for peak performance. Sports Med 40：1-25.

第8章
これが体に効くトレーニングだ

8-1 インターバルトレーニング

インターバルトレーニングが世界に普及したきっかけは，1952年のヘルシンキオリンピックにおけるザトペック選手（チェコスロバキア〔現チェコ〕）の長距離3種目（5000m，10000m，マラソン）の優勝です。彼のトレーニングの特徴は，オリンピック前の10日間，毎日400mを75〜90秒のスピードで60本反復し，それを200mのゆっくりしたジョギングでつないで実施したことにあります。現在のエリートランナーは，同じ方法を毎日続けたりはしませんが，当時としては非常に斬新な方法でした。

その後，インターバルトレーニングの効果が生理学的に明らかにされ，いろいろなスポーツ種目のトレーニングに応用されるようになりました。

インターバルトレーニングの目的

インターバルトレーニングの目的は，呼吸循環系能力，とりわけ最大酸素摂取量（Vo_2max）の改善とその持続能力を高めることにあります。最大酸素摂取量とは，心臓のポンプ作用で酸素を筋肉に運び，その際，筋肉でエネルギーを生むのに利用できる酸素の最大値のことです。そしてこの値の大きさを決定しているのが，トレーニングと遺伝的要素のコンビネーションと言えます。最大酸素摂取量が大きいほど，有酸素的なエネルギー産生能力が大きいことになり，1,500〜5,000mの記録やマラソンの記録にも密接な関係があります。

インターバルトレーニングの方法

それではインターバルトレーニングの具体的な方法を見てみましょう。

1 最大酸素摂取量を高める強度（スピード）

最大酸素摂取量を高める強度は，最大酸素摂取量の95〜100％が出現する比較的狭い範囲の強度です。この強度を知るには2つの方法があります。

① 3,000m～5,000m の記録から求める

　1つは，3,000～5,000m の記録をもとにして平均スピードを求め，そのスピードで400～1600m の距離を走る方法です。たとえば，5,000m の記録が19分のランナーなら，5000m ÷ 19分 ＝ 263m／分となり，1,000m を3分48秒前後で走るスピードが最大酸素摂取量を改善する刺激スピードとして算出されます。また，ダニエル先生の考案した表8-1，8-2を用いても，各ランナーの記録に応じた走行スピードを即座に知ることができます。

② 心拍数計を使って求める

　2つ目の方法は，心拍数計を使用する方法です。最大酸素摂取量の95～100％が出現する心拍数は，最大心拍数の95～98％（たとえば最大心拍数が190拍／分なら180～186拍／分）です。

　心拍数計は市販されているので，個人で所有しているランナーも見られますし，フィットネスクラブでも貸し出す形で利用を促しています。

　最大酸素摂取量を高めるには，上述した強度が効果的であり，その強度より高くても低くても効果は少なくなります。走行スピードが速いと走行回数が減少するので，最大酸素摂取量への刺激時間が少なくなるのです。

② 1回当たりの走行時間（距離）

　理想的な走行時間は2～5分（600～1,600m）です。これ以上の時間を走ると血中の乳酸が増加してきて，速度を下げざるを得なくなります。逆に時間が短いと走行中に出現する最大酸素摂取量の時間はわずか数十秒となり，負荷をかける時間が短くなって効果が少なくなります。

　図8-1に走行時間の違いによって最大酸素摂取量の出現時間に大きな差が生じる例を示しました。5分（1,200～1,600m）の走行時間では，運動後2分でほぼ上限に達して最大酸素摂取量への負荷時間は約3分となります。これを5回反復すると最大酸素摂取量への負荷は15分になります。

　一方，1分の走行時間では，最大酸素摂取量の出現回数は多いものの，その時間は1回当たり約30秒です。ロングでの15分という最大酸素摂取量への負荷時間と同等にするには30回反復しなければならないということになります。ここがショートインターバルの走行時間の弱点と言えます。

第8章　これが体に効くトレーニングだ

表8-1　レース距離と各ランナーの記録との関係（Daniels, 2005）

5km	10km	ハーフマラソン	フルマラソン
30:40	63:46	2:21:04	4:49:17
29:05	60:26	2:13:49	4:34:59
28:21	58:54	2:10:27	4:28:22
27:39	57:26	2:07:16	4:22:03
27:00	56:03	2:04:13	4:16:03
26:22	54:44	2:01:19	4:10:19
25:46	53:29	1:58:34	4:04:50
25:12	52:17	1:55:55	3:59:35
24:39	51:09	1:53:24	3:54:34
24:08	50:03	1:50:59	3:49:45
23:38	49:01	1:48:40	3:45:09
23:09	48:01	1:46:27	3:40:43
22:41	47:04	1:44:20	3:36:28
22:15	46:09	1:42:17	3:32:23
21:50	45:16	1:40:20	3:28:26
21:25	44:25	1:38:27	3:24:39
21:02	43:36	1:36:38	3:21:00
20:39	42:50	1:34:53	3:17:29
20:18	42:04	1:33:12	3:14:06
19:57	41:21	1:31:35	3:10:49
19:36	40:39	1:30:02	3:07:39
19:17	39:59	1:28:31	3:04:36
18:58	39:20	1:27:04	3:01:39
18:40	38:42	1:25:40	2:58:47
18:22	38:06	1:24:18	2:56:01
18:05	37:31	1:23:00	2:53:20
17:49	36:57	1:21:43	2:50:45
17:33	36:24	1:20:30	2:48:14
17:17	35:52	1:19:18	2:45:47
17:03	35:22	1:18:09	2:43:25
16:48	34:52	1:17:02	2:41:08
16:34	34:23	1:15:57	2:38:54
16:20	33:55	1:14:54	2:36:44
16:07	33:28	1:13:53	2:34:38
15:54	33:01	1:12:53	2:32:35
15:42	32:35	1:11:56	2:30:36
15:29	32:11	1:11:00	2:28:40
15:18	31:46	1:10:05	2:26:47
15:06	31:23	1:09:12	2:24:57
14:55	31:00	1:08:21	2:23:10
14:44	30:38	1:07:31	2:21:26
14:33	30:16	1:06:42	2:19:44
14:23	29:55	1:05:54	2:18:05
14:13	29:34	1:05:08	2:16:29

表8-2 記録に応じたトレーニング手段のタイム（いずれも1,000mのタイムを表す）

インターバル	LTペース	マラソンペース
―	6:24	6:51
―	6:05	6:31
―	5:56	6:21
―	5:48	6:13
―	5:40	6:04
5:07	5:33	5:56
5:00	5:25	5:48
4:53	5:17	5:40
4:45	5:08	5:33
4:40	5:04	5:26
4:35	5:00	5:20
4:30	4:53	5:13
4:25	4:48	5:07
4:20	4:43	5:01
4:15	4:38	4:56
4:10	4:33	4:50
4:05	4:27	4:45
4:03	4:25	4:40
3:58	4:20	4:35
3:55	4:16	4:31
3:50	4:11	4:26
3:48	4:09	4:22
3:43	4:04	4:18
3:40	4:01	4:14
3:37	3:58	4:10
3:33	3:53	4:06
3:30	3:50	4:02
3:27	3:46	3:58
3:25	3:43	3:55
3:22	3:40	3:52
3:20	3:36	3:48
3:18	3:34	3:45
3:15	3:32	3:42
3:13	3:29	3:39
3:10	3:26	3:37
3:07	3:24	3:34
3:05	3:21	3:31
3:02	3:20	3:28
3:00	3:17	3:25
2:58	3:14	3:23
2:56	3:12	3:21
2:55	3:10	3:18
2:53	3:08	3:16
2:50	3:06	3:14

―：インターバルはスタミナがついてから行う。

図8-1 運動時間の異なるインターバルトレーニング（ロングとショート）における最大酸素摂取量の出現時間と回数の違い（Karlssonら，1970）

ロングは約3分間最大酸素摂取量レベルで走る。ショートは効果を得るために，休息時間を短く保たなければならない。

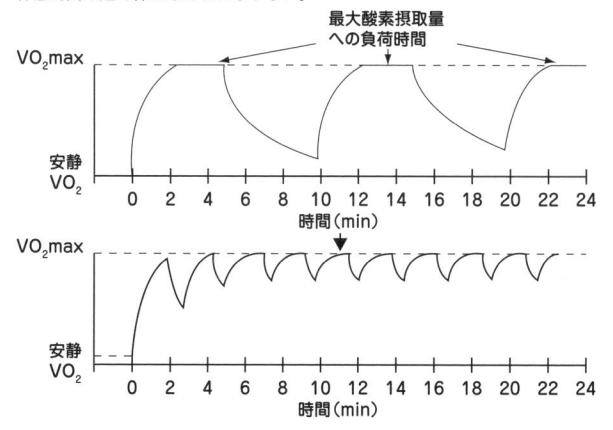

3 休息時間（インターバル間隔）とその方法

　インターバルトレーニングでの走行後の休息時間は，走行時間の50～90％が一般的です。たとえば1,000mを3分20秒で走る場合，その休憩時間は1分40秒から3分ということになります。

　この範囲内で各ランナーの体力レベルを考えて休息時間を設定します。休息時間を短くすると血中に乳酸が蓄積して予定の回数が走れなくなり，最大酸素摂取量への負荷時間が減少する結果になります。

　休息の内容は，ゆっくりしたジョギングがベストでしょう。その理由は，増加した血中乳酸を速やかに除去する最善の方法であることと，少し高めに酸素摂取量をキープすることで運動開始後すぐに最大値へ上昇しやすいことがあげられます。しかし，「きつい」と感じ始めたら，ウォーキングにしても構いません。

4 反復回数（トータルの走行距離）

　1回のインターバルトレーニングで走るトータルの走行距離は，4～8kmが効果的です。週200km以上走るランナーでも，10kmを上限にすべき

であると考えられています。なぜかというと、最大酸素摂取量を高め、持続時間を延ばすトレーニングは体への負担が大きく、回復に時間がかかるからです。そのため、このトレーニングの週当たりの量は、他のトレーニングでの走行時間も加えた1週間の走行距離の約8％がすすめられています。例えば、週50km走るランナーなら、インターバルでの全走行距離は4kmとなり、800mを5回とか1,200mを3〜4回反復することがベストということになります。

インターバルトレーニングの留意点

インターバルトレーニングの留意点を整理しておきましょう。
・このトレーニングは強度が高いので、基礎づくりができたランナーが行うようにしましょう。
・トレーニングの頻度は、週1回で十分です。
・3〜5kmの記録から求められた至適ペースをキープするよう心がけます。速すぎるペースは心理的な満足度を与えますが、オーバーストレスとなり、結局目的を達成できないことになります。
・走行時間と休息時間の組み合わせは何通りも考えられます。3,000mのペースで400〜800m走ったり、5,000mのペースで1,000m〜1,600m走ることも考えられます。1回ごとに走る距離に変化をつけても良いでしょう。最も重要な点は、最大酸素摂取量がランニング中に出現している時間です。

8-2 レースペースラン

　長距離やマラソンのトレーニング手段は多彩です（図8-2）。また、用いられる方法と使用頻度は種目によって異なってきます。

　マラソンランナーは、トレーニングの中心がロングランかもしれませんし、10kmをねらいとするランナーは、インターバルトレーニングやLTペースのトレーニングが中心かもしれません。しかし、どの種目のランナーも実施しなければならないトレーニング手段（強度）があります。それは、レースペースかそれに近いペースランニングです。これは記録改善のためには必須のトレーニングです。

　トレーニングの原理の1つに「特異性の原則」というものがあります。その意味は、「体力の特別な構成要素を高めるには、トレーニングでその構成要素にストレスを与えなければならない」というものです。レースペースで走ることは、レース中に用いられるエネルギーシステムを発達させ、そのスピードに応じたランニングテクニックを高めることにつながるのです。例えば、マラソンの記録改善にはゆっくりしたペースのロングランだけでは不十分であり、目標とするマラソンペースでのトレーニングが不可欠だということです。

レースペースランの目的

　繰り返しになりますが、ここでレースペースランの目的をもう少し詳しくみてみましょう。

- 各種目におけるペースで走ることにより、それぞれの種目に必要とされるエネルギーシステムが発達します。3,000〜5,000kmのレースペースは、最大酸素摂取量で走れるスピードやその持続能力を高めますし、マラソンのレースペースは呼吸循環系能力やLTスピードをも改善します。
- レースペースのトレーニングにより、リラックスして速く走ることが学習でき、不必要な腕と脚の動きが除かれます。

図8-2 長距離・マラソンのトレーニング方法（Daniels と Lydiard 方式をもとに豊岡加筆）

異なるタイプのトレーニングは，努力の強さと最大酸素摂取量の割合（%VO₂max）に関連している。

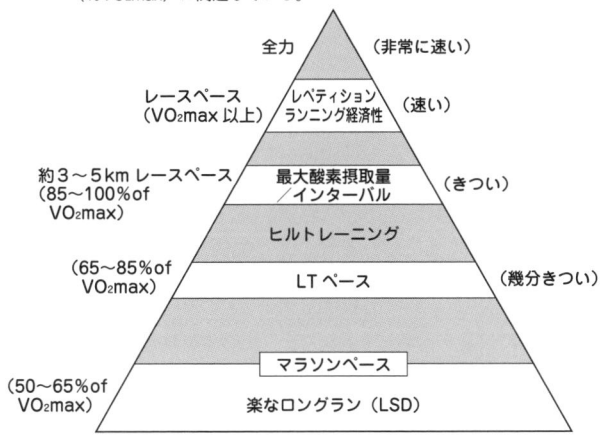

```
                        全力        （非常に速い）
              レースペース  レペティション
              （VO₂max以上）  ランニング経済性  （速い）
約3～5kmレースペース       最大酸素摂取量
(85～100%of             ／インターバル      （きつい）
VO₂max)
                     ヒルトレーニング
(65～85%of
VO₂max)                  LTペース        （幾分きつい）

                       マラソンペース
(50～65%of
VO₂max)              楽なロングラン（LSD）
```

・不必要な動きがなくなると，レースペースに最も望ましい神経－筋機能の活性化と協調が起こり，ランニングの経済性（ある速度で走行中のランナーの，体重に関連して消費される酸素の量。同じ速度で走っていてもかなりの個人差が見られ，この値が低いランナーの方が，経済性に優れていると判定されます〔図8-3〕）の改善が生じてきます。

・その結果，レースペースでのランニングが気持ち良く感じられるようになります。また，より速いペースで走ることが可能になります。

レースペースランの方法

このトレーニングは，種目の距離が短くなるほど，強度が高負荷となります。短い距離のレースペースでは，体は無酸素的状況で走ることを教えられ，スピードを生むために必要とされる脚の速筋線維を活性化することになります。逆に，マラソンのレースペースは，中程度の負荷であり，血中に乳酸が蓄積するか否かの強度です（主観的には少し楽）。この時，個人差もありますが，遅筋線維に加えて，速筋線維も動員される速度になります。

このような生理学的背景から，トレーニングの方法はかなり幅広くなり，

図8-3 ランニングスピードとランニング経済性の関係（豊岡，1995）

グラフ中の濃い部分は good と elite ランナーの幅広いランニング経済性を示している。Aは最も優れているランナー，Bは最も劣るランナーの回帰直線を示す。図中の吉田，藤村はマラソンを2時間26分台で走った女性ランナーであるが，二人の経済性はかなり異なる。

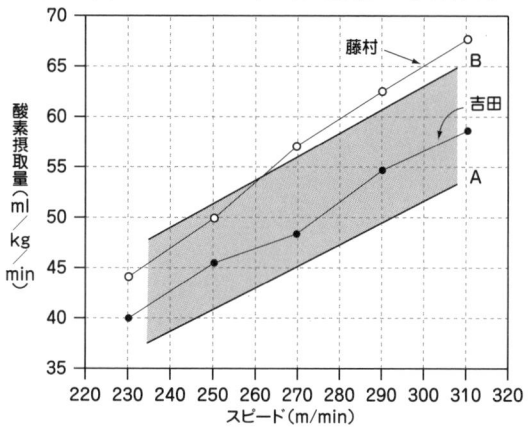

目標とする種目によってその内容を考慮する必要があります。また，市民ランナーにとっては，5〜10kmのペースは高負荷となり，心理的には取り組むことが嫌になるトレーニングとも言えます。目標とするマラソンペースでのランニングを上限の速度になるようにすると良いでしょう。

レースペースランの留意点

ここで，このトレーニングの留意点を整理しておきましょう。
・ペースは目標とする種目のタイムで決まります。そのペースで走る距離は，一般的には2,000〜5,000mで，自分の目指す種目によって変わります。たとえば，10kmとフルマラソンでは次のようになります。
・10kmを目標→2km×2〜3回
・マラソンを目標→5km×2〜4回（かなり本格的な内容です）
・本数の間のリカバリーは，走行距離と体力レベルにもよりますが，運動時間を1とすると，その1／2〜1／3の時間にします。
・休息が短く感じたら，もう一度，同じ速度で走れるという感覚（フィーリ

ング）まで待ちます。休息の仕方としてはウォーキングやジョギングにストレッチも加えると良いでしょう。
・トレーニング頻度は競技レベルにもよりますが，10日から2週間に1回で十分でしょう。
・心理的にきついトレーニングなので，途中でペースどおりに走れなくなったら，ジョギングに切り替えることも考えに入れておきましょう。

　このトレーニングは，間近に迫ったレースへの準備として，生理学的にも心理的にもすばらしい効果を与えてくれるでしょう。

第8章　これが体に効くトレーニングだ

8-3　ビルドアップラン

　これまでに述べてきたインターバルトレーニングやレースペースでのランニングは，実践する場合，最初から速いペースが求められるので，1人でトレーニングするにはきつく，途中でギブアップすることがあるかもしれません。そのような精神的ストレスを減らし，徐々に体に負荷を与えて，練習後に「今日はよく走った。距離も強度も十分」という満足感を得られるトレーニング法があります。それが「ビルドアップラン」です。ビルドアップの意味は「構築する。築き上げる」であり，具体的にはゆっくりしたペースランから始め，徐々に中程度強度へ，そしてさらに追い込んでいく走り方になります。「強度漸増ペースラン」と考えても良いでしょう。

ビルドアップランの目的

　他のトレーニング法との最大の違いは，1回のトレーニングで軽負荷から強負荷までの刺激を体に与えることができることです。そして最終的には，最大レベル近くにまで追い込んでいく点にあります。
　次のような効果が期待できるでしょう。

・軽強度→中強度→高強度と追い込んでいくので，精神的に楽な気持ちでトレーニングに取り組め，ランナーが望む強度と走行距離を達成できます。
・ランニングの速度が徐々に上がるので，呼吸循環系能力を高める強度に十分に達し，乳酸性作業閾値（LT）や最大酸素摂取量をも改善する刺激となります。
・遅い速度からレースペース以上の速度で走ることにもなるため，遅筋線維から速筋線維まで使われ，それら筋線維の活性化とフォームづくりに役立ちます。

ビルドアップランの方法

　強度（ランニング速度）と距離の組み合わせはいくらでも考えられます。

どのような距離の種目に力を入れるのかなどによって，いろいろなプランが設定されるでしょう。

例として，5〜10kmのレースへの参加を目的とする場合を示しました。距離と速度は各自のレベルに合わせて決めるようにします。

・6〜8kmのビルドアップ走：ウォームアップの後，ジョグ2km，次の2kmを6分／kmペースで，残り2kmは5分／kmペースで走る。
・10〜12kmのビルドアップ走：ウォームアップ後，3kmを6.5分／km，次の3kmは6分／km，さらに3kmを5分／km，ラスト1kmは4分でまとめる。
・上と同じような速度で，4km，4km，2kmとペースを上げる。
・上と同じような速度で，4km，4km，4kmとビルドアップし，さらに3kmを追加して15kmまで距離を延ばしてみる。

この練習法は，トラックや距離表示のある公園，河川敷などで行うと良いでしょう。1人で時計を持って行うことも可能ですし，持ちタイムが似ている人達が集団となって実施するのも良いでしょう。集団走は1人の時より楽に感じられるはずです。時には先頭を走って，ペース感覚を養い，時には後方を走って風の影響が少ないランニングを経験してみるのも必要でしょう。

8-4 LT・OBLAペースのトレーニング

　血液中の乳酸濃度を基準とした生理学的尺度には，LT（Lactate Threshold：乳酸性作業閾値）とOBLA（Onset of Blood Lactate Accumulation：血中乳酸値が4 mmolの強度）が代表的なものとして用いられています。その理由は，長距離・マラソンの記録とそれらの尺度との関係が非常に密接であるからです。

　LTとは，筋肉中の乳酸の除去スピードが生成速度についていけなくなる状況の強度のことを意味し，この速度を上回ると血中乳酸値は急激に増加します（図8-4）。

　OBLAは，乳酸の急上昇の過程にある4 mmolという値で，LTが見つけにくい場合に，研究者が固定血中乳酸値として用いています。LTの強度に比べてハードであり，その速度での持続時間は個人差もありますが，20～60分程度しか持続できません。

　OBLAペースのトレーニングは，主に鍛錬されたランナーが実施するものです。ここではLTトレーニングについて考えてみましょう。

LTトレーニングの目的

　ハーフマラソンやフルマラソンを走る場合，スタート後，数km走るとペースは落ちついてきます。その時のペースは，各ランナーの血中乳酸の蓄積が始まるか否かのスピードであると言えます。LTトレーニングのねらいは，このLTスピードをより速いスピードにシフトさせることにあります（図8-4参照）。

　トレーニングをすると，筋肉の乳酸除去能力の改善，ミトコンドリア数の増加，ミトコンドリア内の酵素活性の増大などにより，運動中の乳酸生成が減少して乳酸カーブの変化が生じます。その結果，新しいLTスピードの獲得をもたらし，ハーフマラソンやフルマラソンの記録改善に結びつくことになります。

図8-4 ランニング速度と血中乳酸値（LT，OBLA）の関係

LTトレーニングにより，乳酸カーブは右へシフトする。

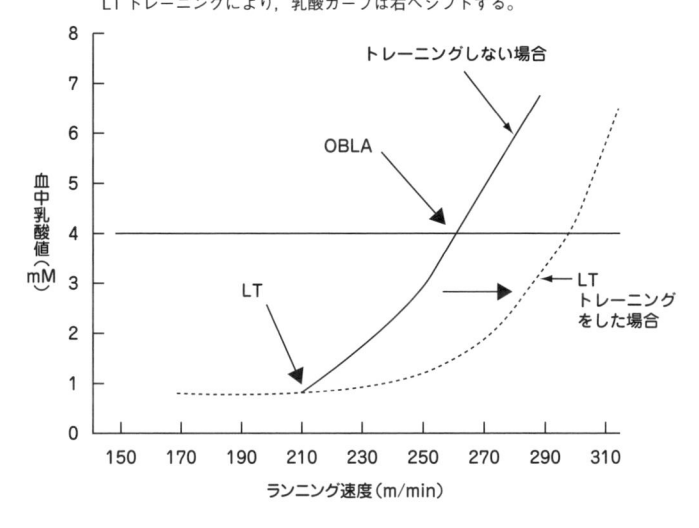

LTスピードの求め方

　LTトレーニングの強度は，LTスピードかそれを少し上回る速度が効果的です。その速度を見つけるには，次の3つの方法が考えられます。

① 血液を採取して血中乳酸値を求める

　トレッドミルを用いて1つの速度で3〜5分間走行した後，指先から血液をわずかに採取し，乳酸分析器によって血中乳酸値を求めます。これを5〜6段階の速度で実施します。血液採取に約1分の休憩が入るので，トータルで約30分の時間を必要とします。この方法は，最も正確にLTスピードを求めることができます。ただしこの方法によるLTスピードの測定は，体育系大学やスポーツ科学研究所などに依頼しないと難しく，誰でも容易に行える方法ではありません。

② 5km，10km，ハーフマラソンの記録から算出する

　①5kmのベスト記録からLTスピードを求めるには，1km当たりの平均タイムに16〜20秒を加えます。また，10kmの場合は，1km当たりのレースペース＋6〜10秒，ハーフはレースペース（分／km）そのものとなりま

す。したがって、3種目のいずれかの記録がわかると、容易にLTスピードが得られます。

②各自の競技記録をもとにして、LTスピードを求める方法は他にもあります。表8-1にレースでの記録を、表8-2にその記録に応じたLTスピードを示しました。例えば、10kmを50分で走る人のLTスピードは表8-2から1km、約5分4秒のスピードになります。1kmをこのタイムで走れば、LTペースとなります。

これら①、②の方法は、多少の誤差が生じるものの、長距離の記録のみでLTスピードが求められるので非常に便利です。

③ 心拍数を基準にして求める

心拍数計を着けてトレーニングするランナーにとって都合がよい方法です。以下の2つの式から求められる心拍数が、LTスピードの生じる強度になります。

①（最大心拍数－安静時心拍数）×0.75〜0.9＋安静時心拍数
② 最大心拍数×0.8〜0.92

このように、LTスピードを求めるには3つの方法があります。市民ランナーには5kmや10kmのタイムから求める方法が容易です。

LTトレーニングの具体例

次に、LTトレーニングの具体的方法を説明しましょう。

① LT持続走

LTペースで20〜40分持続して走るトレーニングです。十分なウォーミングアップをしてから実施します。トラックやロードなど、距離が良く分かっている場所でペース感覚を意識して走ります。40分の持続型は少しきついので、15分×2回、20分×2回に替えても良いでしょう。

② LTインターバル：強度はLTスピード

①1,600m×4〜5回（1〜2分の休息ジョギングでつなぐ）
②2,000m×3〜4回（1〜3分　　〃　　）
③3,000m×2〜3回（2〜4分　　〃　　）

LT持続走の長さに飽きるランナーは、このインターバル方式を用いても

表8-3 LTサーキット

① 10kmのレースペースで1,000m
② 上体起こし×10〜30回
③ けんすい×4〜8回
④ 10kmのレースペースで1,000m
⑤ スクワット×10〜20回
⑥ 腕立て×8〜12回
⑦ バーピー×8〜15回
⑧ 上体そらし×10〜30回
⑨ 10kmのレースペースで1,000m
⑩ けんすい×4〜8回
⑪ 脚の前後左右開脚（ランジ）×10回
⑫ ダンベルプレス×10回
※これを2〜3セット繰り返す

十分な効果が得られます。しかし，LT持続走に比べ，レースに必要な心理的つらさに耐える能力の改善はあまり望めないでしょう。

③ LTサーキット

　用いる走行距離を1,200m以下にして，LTスピードより少し速く走ります。表8-3に示すような順番で進めていきましょう。

　ランニングに必要な筋肉を局所的に鍛え，その部位に疲労が残っている間に次のランニングに移行していきます。1,000mの前に200m程度のジョギングを入れる方が，取り組みやすいでしょう。試行回数が増えるにつれてジョギングの距離を少なくしていきます。補強運動の回数や速度は体力レベルに合わせてください。

④ LTヒル

　トレーニングコースにいろいろな長さの坂がある場合，それを利用する方法があります。100〜800mくらいの坂道にきた時は，坂の傾斜にもよりますが，LTペースで走るように努力してみましょう。ループ型のコースでこのトレーニングが実施できると，より都合が良いでしょう。具体的には，20

〜30分ジョグ，LTヒル，10〜15分ジョグ，LTヒルなどを2〜3セット行います。

LTトレーニングの留意点

　LTトレーニングの留意点を整理しておきましょう。
・LTスピードでのペースは，主観的には「ややきつい」「呼吸が少し苦しい」と感じる強度ですが，約60分近くはキープできる速度でもあります。
・できるだけ予定されたペースで走るようにしましょう。遅くても速くても良くありません。至適な強度で費やす時間が長くなるほど，トレーニングによる刺激が大きくなります。
・LTトレーニング後に体がきつく感じ，筋のこわばりがある時は，スピードが速い証拠です。
・LTトレーニングの量は，週のトータルトレーニングの6〜16％に抑えます。これはオーバートレーニングを防ぐためです。
・LT持続走とLTインターバルは効果に多少の違いがあるので，隔週でとり入れましょう。片方のみの計画を立てない方が良いでしょう。
　LTスピードはパフォーマンス（競技記録）と密接な関係にあります。最大酸素摂取量の増加が期待できない中高年ランナーにとっては，このトレーニングから受ける恩恵は計りしれないものがあるでしょう。

8-5 ヒルトレーニング

　ヒルトレーニングという方法に世界のランナーが注目したのは，ローマオリンピック（1960年），東京オリンピック（1964年）の中長距離種目におけるニュージーランド人ランナーの活躍がきっかけでした。ニュージーランドのコーチ，リディアードは，準備期に4週間にわたって週2回このヒルトレーニングを実施して，有酸素，無酸素的能力を高め，加えて，脚筋力を養成してチャンピオンをつくったのです。

　具体的には400～800m（傾斜5～10％）の長さの上り坂（芝生が理想的）を母指球でキックして，弾みながら（バウンディング）上っていきます。頂上に達したらゆっくりジョギングして，その後下ります。スタート地点に戻ったら，平坦な約200mの距離をリラックスして3～4回走り，再びヒルに挑むという内容で，1回当たりの走行距離は5～12kmに設定されていました。この方法を原点として，その後いろいろな修正法が考えられているので，ここで紹介してみましょう。

ヒルトレーニングの目的

　ヒルトレーニングの目的は次のようにまとめられます。
・心肺機能を高める
　走って5～10秒ないし20～30秒を要する坂から4～5分までの坂上りを含むコースを設定して，最大酸素摂取量を刺激します。
・筋力アップで障害を予防する
　腓腹筋（ふくらはぎ），大腿二頭筋，大腿四頭筋（太もも）が強くなり，膝の安定性が高まるため，ランナーズニー（膝のお皿周囲に痛みが生じること。特に走った後に生じる）を防ぎます。
・フォームを滑らかにする
　腕が前後方向に振れない，小さい腕振りしかできない，膝が上がらない，引きずるような走りでは，坂を上る時に効率が悪く，差がつきやすいもので

写真8-1 ヒルトレーニング

す。ヒルトレーニングで膝上げと腕振りを強調することは、大きな動きを持続できるフォームにつながります。加齢に伴ってストライドが狭くなる中高年ランナーにとっては効果的です。

・レースをシミュレーションする

　ロードランナーにとって、コースの中の坂の上り・下りは、他のランナーと勝負して差をつける重要な地点です。坂上りと坂下りのランニングの経済性を高めておくことは「必須事項」とも言えます。

ヒルトレーニングの具体例

　トラックの長距離種目をねらうランナーとハーフ以上のロードランナーとでは、用いるヒルの長さや強度に違いが出てきます。各ランナーの種目と特徴を把握して、内容を考えていかなければなりません。ここではサンプルとなる例をあげておきます。

① 30〜100mの短い急坂を用いたヒルトレーニング

　トラックでのスプリント能力を高める場合に効果的です。速いスピードで反復し、歩行やジョギングでつなぎます。

2 300〜600mの距離で中程度の傾斜のヒルトレーニング

前述したリディアード方式を模倣しても良いですし，アレンジしても良いでしょう。この距離を3〜5回，ランニングのリズムとフォームを意識してトライしましょう。

3 ロングヒルトレーニング

1周3〜5kmのロード周回コースにだらだらとした上り坂があれば，そこで少しスピードアップして走るトレーニングです（頑張りは禁物）。また，山道を気持ち良い速度で1〜2時間走ることもこのトレーニングに入ります。試合のコースにある坂でのランニングの経済性を高めることが目的ですので，リラックスして走りましょう。不必要な頑張りと意識的なスピードアップは控えたいものです。

ヒルトレーニングの留意点

ヒルトレーニングの留意点をまとめると，次のようになります。

・毎回，坂の同じスタート地点から上がる必要はありません。途中からでもOK。走る長さは個人の能力に合わせます。ヒルの1/2，2/3からでも良いでしょう。ゆっくりしたジョギングから始めて徐々にスピードアップする方法も可能です。

・平地と同じスピードでヒルを走ろうとしてはいけません。リラックスしたヒルランニングを獲得することが目的です。しかし，ある程度の努力レベルは保ちましょう。

・ストライドを少し狭くし，膝を上げることを意識して上がります。腕振りは幾分強調しますが，上半身は緊張させないようにします。

・下りは障害予防のために，市民ランナーレベルはゆっくりと走りましょう。脚と足裏に大きな負荷がかかるからです。

・傾斜を上る時の負荷は，平地を走る時より筋疲労を早く起こすので，体力レベルの低いランナーは距離を短くし，ゆっくり上るようにしましょう。

・ヒルランニングは，レース時の筋疲労に近くなるので週1回で十分（最高2回）です。それ以上行うと，筋線維の分裂を修復するリカバリーの時間がなくなり，障害につながるおそれがあります。

・強度が高く，体への負担も大きくなるので，レース前の時期は避けて，トレーニングの準備期に用いましょう。

トレッドミルを用いたヒルトレーニング

　冬に雪が多くて走れない地方のランナーや梅雨の時期などには，トレッドミルを用いてヒルトレーニングを行う方法もあります。1kmを4分のペースまでなら簡易型のトレッドミルでも行えます。フルマラソンで3〜5時間台の市民ランナーにとっては，都合の良い手段と言えます。

　具体例を次のように3種類あげてみます。バリエーションはいろいろ考えられますし，試行錯誤して好みの方法を編み出す楽しみもあるので，工夫してみましょう。

・方法1：各自のマラソンペースで傾斜角3％から始め，3分ごとに1％ずつ上げます。8％まで上ったら，3分ごとに1％ずつ傾斜を下げます。これを30分続けます。2セット60分が適当でしょう。きつく感じる人はペースを落としましょう。

・方法2：走行時間を各傾斜角で5分ずつとし，2％→4％→6％あるいは3％→6％→9％と上昇させ，最高傾斜角に達したら，傾斜を0にし3分のジョギングを入れて3〜5セット実施します。速度はマラソンペース±10〜30m／分を基準とします。

・方法3：4〜8％の傾斜角を設定し，マラソンペース±10〜20m／分の速度で30〜60秒走り，すぐに傾斜を0にして同じ時間の休息ジョギングを入れるか，2倍の休息時間をとります。これを10〜15回反復します。

　この練習実施後の満足感と自信の芽生えは，ジョギングや自転車エルゴメーターなどの練習に比べ，かなり大きなものがあるはずです。

　なお，トレッドミルによるランニングは風抵抗を受けないので，同じスピードで平地を走るよりエネルギー消費量が少なくなります。したがって，トレッドミルを用いてマラソンペースで走るトレーニングをする場合，平地と同じエネルギー消費量にするには1％の傾斜をつけることが必要となります。

8-6 サブスリーを目指す

　市民ランナーのマラソン記録と関連の深い上位3項目は，LT（乳酸が急増するポイント）スピード，最大酸素摂取量，年齢であることが明らかにされています。この中で改善可能な項目は，特にLTスピードです。2011年の東京マラソンで市民ランナーの雄，川内優輝選手が30kmまで1km3分のペースをキープして2時間8分台の記録をマークしました。これは，彼のLTスピードがこのペースに近い（乳酸レベルで約2mmol）ことを意味しています。と言うのもヒトの体は高い乳酸レベル（4～6 mmol）で長い時間持続することは不可能だからです。サブスリーを目指すどの年齢のランナーも，トレーニングの主眼はLTスピードの改善に置くべきでしょう。その改善方法は「LTペース」のところで示してあります。週1～2回，距離の分かる公園かトラックでこのトレーニングに集中してみましょう。サブスリーのマラソンペースは1km：4分15秒です。このタイム±5～10秒の範囲の速度でLTトレーニングを実施してみましょう。週1～2回，3ヵ月継続できるとその効果を感じるはずです。1週間の具体例を表8-4に示しましたのでトレーニングの参考にしてください。

表8-4　サブスリーを目指す，ある週のトレーニング内容

月	休み（ストレッチなどを行う）
火	60～80分ジョグ
水	30分ジョグ＋LTペース走（2km×3～5本　※1分ジョグでつなぐ）
木	完全休養
金	ヒルトレーニング（200mのゆるやかな上り×5～6　※600～800mジョグでつなぐ）or インターバルトレーニング（1,000m×5～8　※200～400mジョグでつなぐ）
土	60分ジョグ
日	90～120分ジョグ

※金，土は入れ替えても良い。

第8章 これが体に効くトレーニングだ

●参考文献
- PEAK RUNNING PERFORMANCE（1992）Training for Endurance Vol.1（1），pp1-8.
- Martin D. E. and P. Coe（1991）Training Distance Runners, Leisure Press Champaign, USA, pp39-44.
- Daniels J. (2005) Daniels Running Formula, HUMAN KINETICS, USA, pp124-129, pp241-253.
- 山地啓司（1981）心拍数の科学，大修館書店，pp37-59.
- Karlsson たち（1970）Energikraven vid Lopning. Stockholm：Trygg, 41.
- 豊岡示朗編著（1995）女性のためのマラソントレーニング，出版芸術社，pp109-114.
- PEAK RUNNING PERFORMANCE（1992）Training Distance Runners：A Primer Vol.1（3），pp1-6.
- 豊岡示朗，足立哲司，宮原清彰ら（2000）マラソン競技記録と平均マラソンスピードでの酸素摂取量，固定血中乳酸濃度の関係，大阪体育大学紀要31巻，pp27-38.
- 松生香里，豊岡示朗ら（2002）男子長距離ランナーの5000m競技記録の差異を決定する生理学的要因，陸上競技紀要　第15巻，pp48-56.
- Anderson O.（1998）The "How" and "Why" of LT training. Lactate Lift-off, pp41〜54, SSS Publishing Inc. Lansing, MI, USA.
- PEAK RUNNING PERFORMANCRE（1996）Lactate Threshold Training Made Easy for the 5k & 10k Vol. 5（6），pp1-8.
- PEAK RUNNING PERFORMANCE（1992）The Lydiard Approach to Training Vol.1（2），pp1-8.
- Tanaka, K ら（1990）Critical Determinants of Endurance performance in Middle-Aged and Elderly Endurance Runners with Heterogeneous Training Habits, European Journal of Applied Physiology Vol. 59, pp443-449.

第9章
レースを迎えるに当たって

9-1 コンディショニングの意義と方法

　いよいよ本番を間近に迎えた時，どのようなトレーニング計画を組むのが良いでしょうか。ここでは，レースで力を発揮するために考えなければならないこと，実践しなければならないことについて紹介します。

コンディショニングの意義・効果

　レースに向けてのコンディショニングを考える際には，まず，トレーニング効果の二面性を理解する必要があります。トレーニング効果は「負荷に対する適応によって体力を高める効果（積極的効果）」と「疲労によって体力を低下させる効果（消極的効果）」の2つに分けられます。心理的状況及び技術が同じであると仮定すると，パフォーマンスは，「体力」と「疲労」で説明されます（図9-1）。したがって，この両者を最適なレベルにコントロールすることが，レース前のトレーニング計画を立てる上で考えるべき最も重要な目的になります。トレーニングを中断すると，体力は低下し，疲労は軽減しますが，そのタイムコースには差があり，疲労の軽減の方が早く反応します。このことは，レース前の一定期間は，さらにトレーニングを積んで体力向上をねらうよりも，トレーニングの負荷を減らして疲労回復を図ることが有効であることを示唆しています。この負荷を減らすコンディショニング方法をテーパリング（tapering：漸減，先細り）と言います。

　このテーパリングの効果については，パフォーマンスを評価しやすいランナーやスイマーを対象に，さまざまな側面から検証実験が行われ，その効果が実証されています。

テーパリング

　長距離走のパフォーマンスは，これまでに紹介した最大酸素摂取量，LT，そしてランニング時の燃費の良し悪しを表すランニングの経済性によって70％程度が決定します。皆さんが普段頑張ってトレーニングしている

図9-1　レースでのパフォーマンスを単純にとらえると…

パフォーマンス ＝ 体力（トレーニングの積極的効果）－ 疲労（トレーニングの消極的効果）

のは，大半がこれらの能力を高めるためですが，テーパリングは，トレーニングの負荷を減らすにもかかわらず，さまざまなメカニズムを介してこれらを高めることが分かっているのです。たとえば，ランニング中には，着地の衝撃によって血液中で酸素を運搬する役目を持つ赤血球が破壊される（溶血と言います）ことが知られています。テーパリングによってこの溶血の度合いを抑えられれば，赤血球の数は増え，酸素を運びやすくなります。また，テーパリング前に普段より高い負荷をかけておけば，テーパリングによる回復期には，筋肉内で酸素を利用してエネルギーを生み出すための酵素の活性が高まり，酸素を利用しやすくなります。これらは最大酸素摂取量の向上に寄与します。さらに，テーパリングは，激しいトレーニングによって硬くなった筋肉をやわらげ，動きを改善しますし，筋力も高めます。これらは，ランニングの経済性の改善に寄与するでしょうし，マラソンを目標とした場合には，終盤の失速を予防することにもつながります。

これら体力面への効果のみならず，心理面にもテーパリングは高い効果を発揮します。「緊張」，「抑うつ」，「怒り」，「活気」，「疲労」及び「混乱」の６つの観点から心理状態を評価するテスト（POMSテスト）を用いてテーパリングの効果を検討した研究で，「疲労」，「抑うつ」，「怒り」，「混乱」の因子が低下し，「活気」が増加することが報告されているのです。

ただし，POMSのテスト結果プロフィールは，トレーニングがうまくいかなったランナーはもちろん，うまくいったランナーでも，レース前のプレッシャーやトレーニング量を減らすことによる不安などによって悪化することが多々あります。トレーニングの負荷を減らして「走りたい！」という気持ちを高めること，そして，これまでのトレーニングに自信をもってテーパリングに取り組むことが，レースを成功に導く最後の一押しをしてくれることでしょう。

コンディショニングの方法

　コンディショニング計画を立てる際には，上記の意義・効果に加えて，レースの位置づけを明らかにする必要もあります。すなわち，これから臨むレースが，1年あるいは1シーズンの大きな目標となるレースなのか，トレーニングの一環として出場するレースなのかを明確にした上で計画を立てなければなりません。そのレースが大きな目標であるならば，テーパリングの意義・効果を念頭に置いて計画を立てるのが良いでしょう。

　これまでの研究からは，テーパリング開始前の疲労度に応じて，2〜4週間かけてトレーニング量を通常の30〜50％くらいまで減らすのが効果的であると言えます。この期間が長くなりすぎると，疲労は完全に消失するものの，体力が低下し，それに伴ってパフォーマンスも低下してしまいます。また，短すぎると疲労が残ったままレースに臨むことになり，同じくパフォーマンスは低下してしまいます。

　このテーパリング期間に加えて，トレーニング負荷を決定する「量」，「強度」そして「頻度」の選択にも注意が必要です。「量」を減らしても「強度」を落としてもある程度のテーパリング効果は得られますが，より効果的なのは，強度を維持しながら量を減らす方法です。この時，「頻度」は30％程度減らせれば良いでしょう。効果的なテーパリング方法の具体例を図9-2で示します。「期間」，「量」，「強度」そして「頻度」の組み合わせを変えながら，体力やトレーニング状況に応じたテーパリング計画を探ってみましょう。

レースを利用したコンディショニング

　テーパリングに加えて，マラソンを目標とする場合には，コンディショニングの過程に，本番でのタイムを予測しペースを設定するための短い距離（10kmやハーフマラソン）のレースを組み込むのも良いでしょう。その際は，レース本番まで筋損傷の影響が残らないよう，3週間前あるいは4週間前に入れるのがベストです（筋肉痛が治ってもわずかな損傷は3週間から4週間は残ります）。また，あわせて注意したいことは，予測のためのレースやトレーニングの一環としてのレースに向けては，十分なテーパリングを行

図9-2 効果的なテーパリング方法

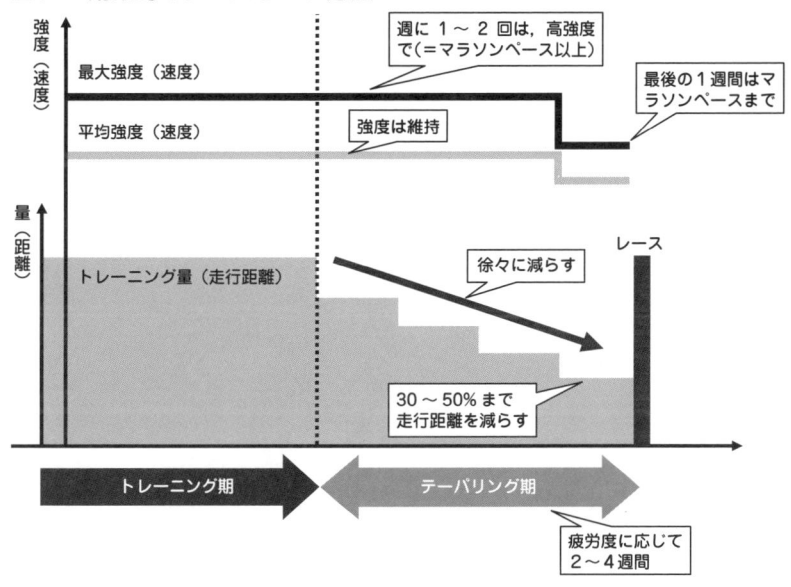

強度（速度）
- 最大強度（速度）
- 平均強度（速度）

週に1〜2回は，高強度で(=マラソンペース以上)
強度は維持
最後の1週間はマラソンペースまで

量（距離）
- トレーニング量（走行距離）

徐々に減らす
レース
30〜50%まで走行距離を減らす

トレーニング期 → テーパリング期
疲労度に応じて2〜4週間

　わないことです。この時に，入念なテーパリングをしてしまうと，トレーニング量が少ない状態が長期間つづき，パフォーマンスが低下してしまいます。このようなレースに向けては，短期間の調整で臨むのが良いでしょう。さらに，レース後のトレーニングへの影響も考慮して，全力は出し切らず，特に前半は余裕を持ったレース展開を心がけたいものです。たとえば，マラソンを目標としてハーフマラソンに出場する場合には，15 kmまではマラソンの目標ペースで走り，残りを気持ち良くペースアップできたか否かでマラソンへの感触を確かめます。

　最後に，テーパリングは，まったくトレーニングをしないのではありません。トレーニングの完全な中断は2週間程度であっても体力を低下させます。やりすぎに注意しながら適切なコンディショニング計画を立て，自信を持って取り組みましょう。

9-2 ペースを守ろう

　レースで良い成績をおさめるためには，全体として余すことなく力を発揮することが求められます。そのためには，力を加減しながら走る必要があり，そのために必要な能力や戦略をペース感覚やペース配分と言います。

長距離走のペース配分

　長距離走のペース配分には，速度がほぼ一定のイーブンペース，徐々に増すビルドアップペース，徐々に低下させるビルドダウンペースなどがあります。特にレースの進行に伴い，疲労やエネルギー基質の変化（糖から脂質への移行）などによって緩やかに速度が落ちるペースを「生理的イーブンペース」と呼び，長距離走に最も適したペース配分と考えられてきました。

　ところが近年，記録を出すためには，後半にビルドアップするようなペース配分が主流となっています。図9−3は5,000mとフルマラソンの男女の世界記録のラップタイムです（2011年3月1日現在）。いずれも，緩やかなビルドアップによって達成されていることが分かります。特に最近の主要マラソンでは，レース中盤過ぎの25〜30km付近まではペースメーカーと呼ばれる先導者がイーブンペースで先頭を走り，余力のある選手がそこからペースを上げるようなレース展開が大部分を占めています。

1　マラソンにおけるペース配分の重要性

　体重60kgの男性がマラソンを完走するためには，約2,500kcalのエネルギーが必要です。しかし，通常体内に蓄えられている糖はエネルギーに換算すると1,500〜2,000kcal程度しかありません。糖が枯渇してしまうと，ペースが維持できないばかりか，脳の機能が低下してしまいます。そこで，莫大なエネルギーを要すマラソンなどでは，エネルギー源としてなるべく脂肪を利用し，糖の浪費を防ぐ必要があります。糖と脂肪の利用割合は運動強度によって変化し，乳酸性作業閾値（LT）以下では脂肪がやや優勢で，LT以上では糖が優勢となります。したがって，LTをこえないペースで走って糖を

図9-3　長距離走のラップタイム
下段：5,000m（／km），上段：フルマラソン（／5km）

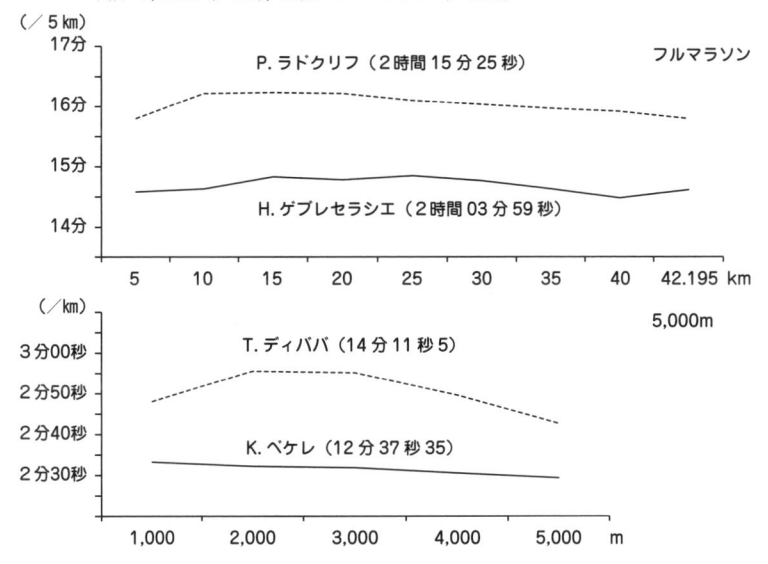

節約できれば，後半のペースダウンを免れ，ペースアップも可能となるのです。反対に，前半からLT以上のペースで走ると糖が優先的に使われ，やがて糖が不足し，ペースダウンを余儀なくされます。これが「35kmの壁」の一因です。

2 短いレースのペース配分

一方，ハーフマラソン以下の短いレースの場合，理論的には糖が枯渇することはなく，LTより速いペースで走ることが可能です。しかし，LTをこえると筋肉のグリコーゲンレベルが低下したり，筋肉中の乳酸濃度が高まり，極端な場合にはエネルギー生成を阻害したりするため，速いペースを維持することが困難となります。したがって短いレースであっても，レース前半のオーバーペースや無駄なペース変動は，失速を招く原因となるのです。

レースを左右する「ペース感覚」

適切なペースで走るためには，レースのゴールタイムを予測し，そこから平均ペース（＝目標ペース）を割り出すことが大前提となります。そして実

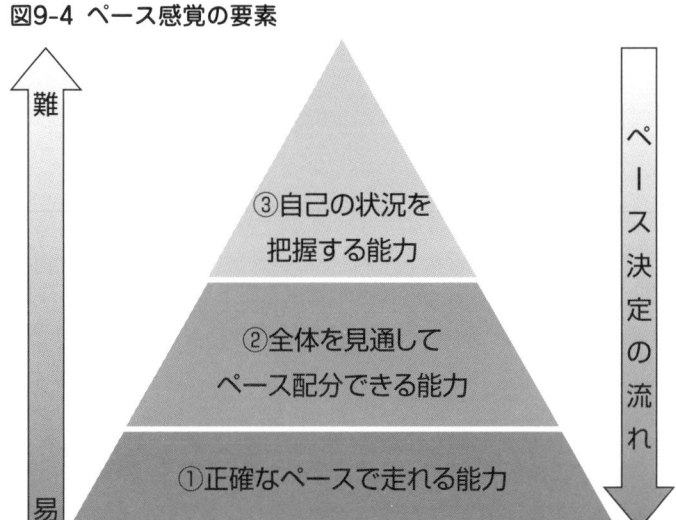

図9-4 ペース感覚の要素

難 ← → 易

③自己の状況を把握する能力

②全体を見通してペース配分できる能力

①正確なペースで走れる能力

ペース決定の流れ

際のレースでは，適切なペースを選択し，そのペース通りに走る能力が求められます。これらの能力を総称して「ペース感覚」と呼ぶことができ，大きく3つの要素に分けられます。

1 ペース感覚の構成因子

ペース感覚の要素には，①変化の少ない正確なペースで走る能力，②レース序盤において，全体を見通してペースを決定する能力，③身体感覚によって自己の状況を的確に把握する能力，があります（図9-4）。例えば，練習では正確なペースで走れるのに，レースになるといつも後半に失速してしまうような人は，①の能力はあっても，自己の状態把握といった②や③の「ペース感覚」には劣っているかもしれません。

5kmとハーフマラソンのレースペースが異なるのと同様に，同じ距離のレースでも，環境（気温，風，コース）や体調に応じてペースは異なります。このようなさまざまな条件を考慮し，その日の適切なペースを判断できる能力（要素②と③）が，レースにおける重要な「ペース感覚」です。

2 ペース感覚の習得法

このペース感覚を磨くトレーニングがペース走です。初心者は慣れた人に

リードしてもらい，ペースに応じた「体の感覚・変化」を感じてください。この際，心拍数計などを用いれば，相対的な負荷を客観的に判断する時に参考になります。

　最近は市民ランナーに対しても，タイム別のペースメーカーを用意する大会が増えてきました。長距離走の難題の1つがペース配分であるため，ペースメーカーは大きな助力となるのです。しかし，十分トレーニングができているなら，レースでは自分のペース感覚をもとに走ることをすすめます。ゴールという先を見据えて，自分の体と対話しながら走ることになります。また，距離の異なるさまざまなレースに参加し，ペースの違いを経験するのも有効です。このようにレース中に変化する体の状態を感じることこそが，質の高いペース感覚（要素②と③）を磨くのです。

レースにおけるペース設定の実際

　ミュンヘン五輪チャンピオンであるF.ショーター選手は，「マラソンにおける30km以降はサバイバル」と表現し，瀬古利彦選手は「35kmは中間点。そこからがマラソン」と述べています。トップランナーだけでなく，多くの人が「30kmからがマラソン」と言い，マラソン後半の辛さは，競技レベルに関係なく共通しているようです。一方，マラソンの前半は，ほとんどのランナーが余裕のあるペースで走っていますが，余力があり，かつ適度な緊張状態にあるため，意図せずオーバーペースにおちいる危険性をはらんでいるのです。ここでペース感覚の要素②や③が重要になります。もしオーバーペースと認識できずに走り続けてしまった結果，その事実を突きつけられるのは，まさしく「マラソン後半」の30km以降なのです。

1 ペースを判断する尺度

　その日の適正ペースを判断するために，いくつかの指標を作っておきましょう。先に述べた心拍数計は，レースで相対負荷を知るには非常に有効です。心拍数計を持っていない人は，主観的運動強度（RPE：Rating of Perceived Exertion）を利用してみましょう（表9-1）。これは「きつさの感覚」から運動強度を推定する指標です。10倍すると心拍数に相当するという観点で作られていますが，心拍数の予測としては個人差が大きいので，適

正ペースを評価する指標として利用してみましょう。

2 レース中のRPE

　実際のマラソンでは，例えペースが一定でも後半になるにつれ「きつさ」は増し，RPEは17〜20になります。しかし前半では，同じペースがRPE11〜13程度に感じます。マラソン以外のレースにおいても，ハーフマラソンならRPE13〜15，10kmならRPE15，などと自分自身に合うレース前半の感覚をつかんでおけばペース決定の指標になります。

　一方，普段のトレーニングでは，レースと同じペースがより「きつく」感じることがあります。このようにトレーニングとレースでは体感する強度が異なることを理解しておくことも大切です。

表9-1　主観的運動強度（RPE）

20	
19	非常にきつい
18	
17	かなりきつい
16	
15	きつい
14	
13	ややきつい
12	
11	楽である
10	
9	かなり楽である
8	
7	非常に楽である
6	

9-3 マラソンにおける目標設定

　初心者がフルマラソンで完走したり，経験者が自己記録を出すためには，能力に見合った一定のペースで走ることが重要です。そのためには，適切なゴールタイムを予測することが不可欠です。ここでは，マラソンのゴール予測について紹介します。

ゴールタイムの予測

　マラソンのタイムを予測するには，主に2つの方法があげられます。1つは，生理学的指標などから予測するものです。この方法は，マラソンに関与する体力要因を知る上で重要な意義を持ちますが，生理学的指標を測定する必要があります。もう1つは，ハーフマラソンなど短いレースの成績から予測する方法です。精度の高い予測が可能ですが，レース経験の少ないランナーや初心者の場合，必ずしも万能とは言えません。

1 マラソンに関与する体力要因からの予測

　マラソンのタイムに影響する要因は多岐にわたり，ランナー本人に関わる要因とその他の要因に大別できます。前者にはトレーニング状況，高い有酸素能力とそれを維持する能力，骨格筋や関節などの障害の有無，栄養状態（グリコーゲン貯蔵），体重と体脂肪量，ランニングの経済性，などが考えられ，後者にはウェアとシューズ，コースの地形，気温と湿度，給水，標高などがあります。

　この中でもランナー本人の体力要因，特に最大酸素摂取量は，呼吸機能，心機能，筋機能が関与する総合的なエネルギー代謝能力を反映するため，パフォーマンスとの関係が古くから検討されてきました。図9-5は，マラソンの成績と最大酸素摂取量の関係を表したものです。このように，2～4時間台とさまざまなレベルのランナーを対象にすると，マラソンの成績は最大酸素摂取量と相関があると言えます。しかし，同レベル（図中の点線で囲った選手）のランナーを比べると，その記録には大きなばらつきがあります。

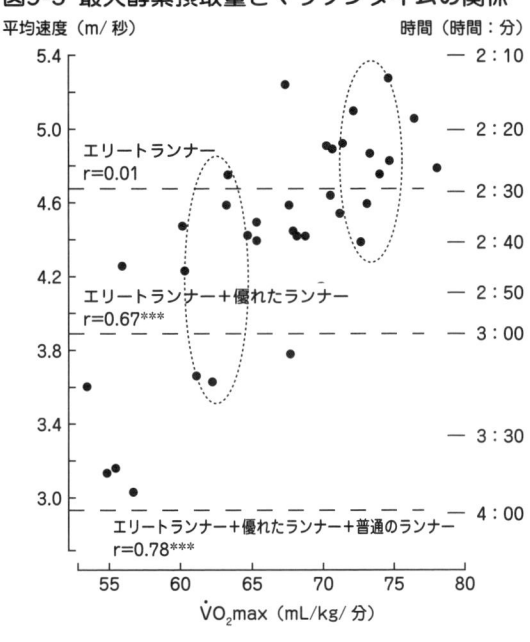

図9-5 最大酸素摂取量とマラソンタイムの関係

このようなばらつきは，最大酸素摂取量以外の要因，すなわち乳酸性作業閾値（LT）やランニングの経済性などの差に起因します。

2 短いレース成績からの予測

表9-2はトップランナーの10,000m，ハーフマラソン及びフルマラソンの記録を比較したものです。10,000mやハーフに対するマラソンタイム（時間）の増加率を持久係数と呼び，トップランナーの場合，10kmに対して4.3～4.7倍，ハーフに対して2.1倍程度になります。筆者の経験では，ハーフのタイムが遅い人ほど，そして同タイムなら女性より男性の方が持久係数は大きく（マラソンの記録が遅く）なるようです（表9-3）。

3 12分間走テストからの予測

図9-6は，半年間トレーニングを行った大学生のマラソン記録と12分間走テストの関係を示しています。12分間走は，12分間で走った距離を計測する全身持久力テストです。全力を出しきるテストですが，1,500m走などよりも時間が長いため運動強度が低く安全であり，10kmなどよりも短いためト

表9-2 主なトップランナーのレースパフォーマンスと持久係数

	氏名	国籍	10000m	ハーフ	フルマラソン	持久係数 vs 10km	持久係数 vs ハーフ
男子	H. ゲブレセラ	エチオピア	26'22"75	58'55"	2°03'59"	4.70	2.10
	S. ワンジル	ケニア	26'41"75	58'33"	2°05'10"	4.69	2.14
	高岡寿成	日本	27'35"09	1°01'07"	2°06'16"	4.58	2.07
	藤田敦史	日本	28'19"94	1°02'12"	2°06'51"	4.48	2.04
	佐藤敦之	日本	27'56"86	1°00'25"	2°07'13"	4.55	2.11
女子	P. ラドクリフ	イギリス	30'01"09	1°05'40"	2°15'25"	4.51	2.06
	C. ヌデレバ	ケニア	32'17"58	1°07'54"	2°18'47"	4.30	2.04
	野口みずき	日本	31'21"03	1°07'43"	2°19'12"	4.44	2.06
	高橋尚子	日本	31'55"95	1°08'55"	2°19'46"	4.38	2.03

表9-3 タイム別の持久係数（対ハーフマラソン）

ハーフマラソン	持久係数
1時間15分	2.10～2.15
1時間30分	2.15～2.25
1時間45分	2.15～2.3
2時間00分	2.2～2.35
2時間15分	2.3～2.5
2時間30分	2.4～

図9-6 12分間走とマラソンタイムの関係

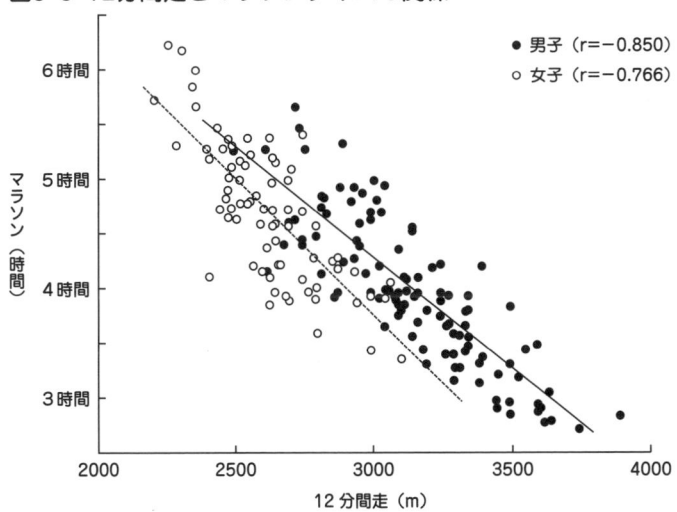

レーニングの一環としても取り組みやすいと考えられ，筆者らは長年初心者のマラソンの目標設定に役立ててきました。

　全体的に12分間走とマラソンの成績には強い相関関係があり，同じ12分間走の場合，男子より女子の方がマラソンの記録は速くなります。同様に，12分間走が同じなら若者より中高齢者の方が記録は速くなるようです。

　最大酸素摂取量，ハーフマラソンの記録，12分間走など，いずれの指標を用いたとしても，ゴール予測は，あくまでも想定できるタイムの目安に過ぎません。トレーニングが十分であったならば予想範囲の中でも速いタイムを，反対に，脚の痛みを抱えていたりトレーニング量が不十分な場合には，控えめな目標にするなど，自分自身のトレーニング状況などを勘案し，判断してください。

マラソンで歩かず完走する目安

　初マラソンを走る多くの人にとって，第一の目標は「歩かず完走する」ことでしょう。そのためには，どの程度練習すれば良いのか。初心者だけでなく，指導者にとっても非常に関心のあるテーマです。ここでは，マラソンを「歩かず完走する」ための最低限の目安について紹介します。

① トレーニング量とマラソン完走率

　図9-7は，半年間トレーニングした大学生（323人）を対象に，レースの直前2ヶ月間のトレーニング頻度（／週）と「完走状況」との関係を示しています。それによると，トレーニングが週に3回未満の人に比べ，3回以上走った人は，歩かず完走する割合が格段に増えています。しかも，週に4回以上走っている人と比べても，むしろ完走率は高くなります。

　図9-8は，同じく大学生（265人）がレース本番までに，1回のトレーニングで走った最も長い距離と「完走状況」との関係です。事前に走った距離が長くなるほど歩かず完走する割合は高くなりますが，30km以上になると，20km以上の群とほとんど差はなくなります。

② 走れば走るほど完走率は高まるのか？

　2つの結果から言えることは，マラソンで完走するためにはトレーニング量が関係し，トレーニング頻度が多いほど，また本番のレース前になるべく

長い距離を走るほど,「歩かず完走」できる確率は高まります。一方,トレーニング量が極端に増えると,かえって失敗してしまうことも示しています。練習で40km走にトライするような人の中に,ケガをする人が少なからずいます。

図9-7 週のトレーニング頻度とマラソン完走状況

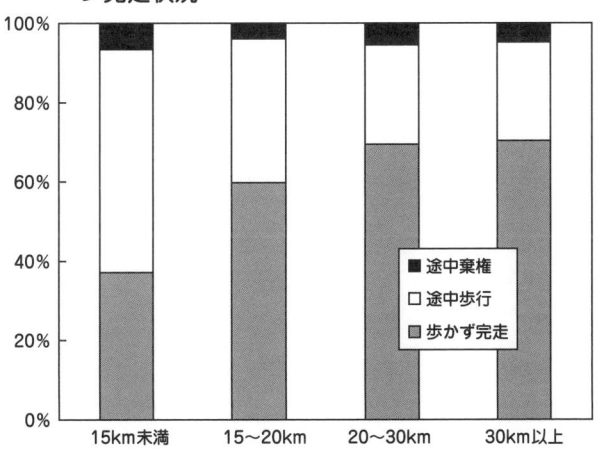

図9-8 1回のトレーニングで走った最長距離とマラソン完走状況

以上のことを踏まえると，初心者が「歩かず完走」を目標にする場合，週に3回程度のトレーニングを積み，ハーフマラソン程度の距離を経験していれば，達成できる準備ができていると考えて良いでしょう。

●参考文献
- Mujika I, Padilla S, Pyne D, Busso T.(2004)Physiological changes associated with the pre-event taper in athletes. Sports Med. 34：891-927.
- Borresen J, Lambert MI.（2009）The quantification of training load, the training response and the effect on performance. Sports Med. 39：779-795.
- Coyle EF（2007）：Physiological regulation of marathon performance. Sports Med 37, 306-311.
Margaria R, Cerretelli P, Aghemo P, Sassi G（1963）：Energy cost of running. Appl Physiol 18, 367-70.
- Romijn JA, Coyle EF, Sidossis LS, Rosenblatt J,Wolfe RR（2000）：Substrate metabolism during different exercise intensities in endurance-trained women. J Appl Physiol 88, 1707-1714.
- Costill DL（1972）：Physiology of marathon running. J. American Med. Asso 221, 1024-1029.
- McConell TR（1988）：Practical considerations in the testing of VO_2max in runners. Sports Med 5, 57-68.
- 鍋倉賢治（2007）1時間走れればフルマラソンは完走できる，学研，東京
- Noakes T（1994）Lore of running（ランニング辞典：日本ランニング学会訳），大修館，東京
- Sjodin B, Svedwnhag J(1985)：Applied physiology of marathon running. Sports Med 2, 83-99.

第10章

走って食べる。栄養の話

10-1 バランスよく食べる大切さ

　ランニングなどの持久系スポーツでは，大量のエネルギーが必要とされます。また，長時間の運動中には気温や湿度，日差し，陰などの環境，さらにグラウンドやロードなどの状況によって体調が変化することもあります。そのため，トレーニングやレースではエネルギーをつくり出し，これをうまく利用する能力が必要とされます。長時間の運動を継続するためのポイントは，炭水化物よりも脂肪をエネルギーとして利用する割合を高めることですが，筋肉中のエネルギーの産生や利用は摂取する食品の種類や量，またその摂取タイミングに影響されます。
　一方，生活習慣病やその予備群とされるメタボリックシンドローム（内臓脂肪症候群）の予防のために持久系スポーツを実施することで，エネルギー消費量を増加させて体脂肪を減量させる効果が期待できます。
　いずれにしてもランニングの目的に見合った食事を摂取することで，その効果が期待できます。

トレーニング状況を考慮する

　トレーニングは主として筋力系と呼吸循環器系に大別されます。筋力系は筋肉の量や質に影響され，呼吸循環器系は心臓や肺の大きさ，機能などに影響されます。筋力トレーニングは筋肉を分解しますから，トレーニング後は筋肉の合成成分であるタンパク質の補給が有効です。一方，ランニングなどの持久系トレーニングでは筋肉で大量のエネルギーを利用するため，エネルギー源である炭水化物や脂肪の摂取が必要になります。
　エネルギー消費量は，運動の種類と実施時間，また体重や年齢，性別などの個人の特性から計算することができます。しかし，同量のエネルギー消費量であっても運動強度の違いによって，必要とされる栄養成分は異なります。例えば，5 kmを走る場合，1 kmを3分のスピードで走れば15分，1 kmを8分のスピードで走れば40分を要します。この時の計算上のエネ

目的に応じた食事の摂取が必要

ギー消費量（仕事量：5km）は同量ですが，1kmを8分で走った場合は1kmを3分で走った場合と比較して炭水化物よりも脂肪が利用される割合が高くなります。

また，長期にわたるトレーニングの継続は，体の機能を高めるため，エネルギーを効率よく利用できるようになります。したがって，客観的に同じ運動を行った場合でもトレーニングを積んだランナーは初心者ランナーと同量のエネルギーを摂取する必要はありません。例えば，フルマラソンを走る際に初心者ランナーはゴールまでにエネルギーを大量に消費しますが，トップランナーは同じ距離を速いスピードで走っているにもかかわらず，エネルギーの消費量は少なくて済むのです。

食事の摂り方

1 エネルギーのバランス

エネルギーは，生命の維持（基礎代謝量）と体，及び脳による活動（活動代謝量），また食事により誘発される熱産生（食事誘発性体熱産生）により消費されます。一方，必要なエネルギーは，食事と水分から摂取しています。

筋肉や骨，血液などの組織の比重や量，機能は，食事から得られるエネルギーと栄養成分に影響されます。したがって，不適切な食事は体調を悪く

し，パフォーマンスの低下を招くなど，さまざまな弊害を起こす原因となります。また，エネルギーの不足が長期にわたって続くようであれば，体脂肪の減少は可能であっても同時に筋肉や骨量も減少させたり，血液の比重を低下させることになります。

国立スポーツ科学センター(JISS)は，アスリートのエネルギー必要量について，トレーニング期とオフ期の身体活動レベル（PAL：Physical activity level）を考慮した推定エネルギー必要量（EER：Estimated energy requirement）で示しています。

EER(kcal／日)＝28.5(kcal／kg LBM*／日)× LBM(kg)× PAL

＊LBM＝除脂肪体重量

表10-1 身体活動レベル（PAL）

種目カテゴリー	期別け	
	トレーニング期	オフトレーニング期
持久系	2.50	1.75
瞬発系	2.00	1.75
球技系	2.00	1.75
その他	1.75	1.50

表10-2 男子持久系競技者の推定エネルギー必要量

（体重60kg，体脂肪率10％，LBM54kgのランナーの場合）

```
＜トレーニング期＞
EER ＝ 28.5kcal／kgLBM × 54kgLBM × 2.50
    ＝ 3,848kcal／日
＜オフ期＞
EER ＝ 28.5kcal／kgLBM × 54kgLBM × 1.75
    ＝ 2,693kcal／日
```

EERは，1日に除脂肪体重1kg当たり28.5kcalを消費するという前提でそこに身体活動レベル：PAL（表10-1）を加味して計算されます。表10-2は，男子持久系競技者（体重60kg，体脂肪率10％）のトレーニング期とオフ期の推定エネルギー必要量を示しています。

2 三大栄養素（PFC）のバランス

エネルギーの所要量に対し，一般的にはタンパク質（Protein）と脂肪（Fat），炭水化物（Carbohydrate）から摂取するエネルギーの比率（PFC比）はそれぞれ15～20％，20～25％，55～60％が望ましいとされています。しかし，大量のエネルギーを必要とする場合にはエネルギー所要量からタンパク質によるエネルギー量を差し引き，残りのエネルギーを炭水化物と脂肪から摂取するようにします。

3 食事の摂取タイミング

食事に関連するホルモンには，日中の分泌量が増減する日内リズム（サーカディアンリズム）があります。したがって，同じ食事内容であっても摂取のタイミングをこの日内リズムに合わせた方が栄養成分を効率よく吸収させることができます。

また，炭水化物と脂肪は朝食や昼食で摂取することで，日中の活動に必要なエネルギー源として利用することができます。一方，夕食では組織の合成材料であるタンパク質を摂取することで，睡眠中のホルモンの働きを利用した体づくりを促進することができます。

栄養成分の働き

1 炭水化物：主食

米やパン，もち，パスタやうどん，その他の麺類などの主食，またカステラ，芋類などの食品に多く含まれる成分です。1g当たり4kcalのエネルギーをもち，体と脳のエネルギーとして利用されるため，長時間運動によりエネルギーを大量に必要とするランナーにとって重要な成分です。日常のトレーニングやレースでは，炭水化物を摂取することで筋肉にエネルギーを蓄積させて疲労の発生を遅延させたり，疲労の回復を早めることができます。

2 脂肪

　バターやマーガリン，ごま油やラード，種実類などの食品に多く含まれる成分です。1g当たり9kcalのエネルギーをもち，炭水化物と同様にエネルギー源として利用されます。長時間の運動を継続するランナーにとっては少量の摂取で大量のエネルギーを確保できるメリットがあります。

　一方，エネルギー量が多いために過度の摂取は体脂肪の蓄積を招きます。必要な脂肪は朝食や昼食などの体や脳の活動を控えたタイミングで摂取して効率よく利用し，体脂肪としての蓄積を防ぐようにします。脂肪は摂ってはいけないのではなく，タイミングを考えて摂取することが大切です。

3 タンパク質：主菜

　肉，魚，卵，豆・豆製品などの主菜に利用される食品や牛乳・乳製品に多く含まれる成分です。1g当たり4kcalのエネルギーをもち，筋肉や骨，血液，ホルモン，酵素など体の組織や成分を構成したり，これらの機能を調整したりします。長時間運動や筋力トレーニング後は，筋肉や骨などの組織が分解されます。この時，タンパク質を摂取して分解を抑え，合成を促すことが必要です。

　一方，極度の食事制限や激しいトレーニングの継続によりエネルギー枯渇状態が継続すれば，タンパク質が組織の合成ではなく，エネルギーとして利用されることになります。

4 ビタミンとミネラル：副菜

　ビタミンとミネラルは，野菜や果物，海草，きのこ類などに多く含まれる成分です。エネルギーはほとんどありませんが，食事から摂取したエネルギー源を筋肉でエネルギーに産生したり，筋肉や骨，内臓，血液などの組織の機能を調整したりする働きを担っています。

　表10-3はビタミンとミネラルを多く含む食品と欠乏による影響を示しています。ビタミン，ミネラルが不足すると疲労が蓄積したり筋肉・骨などの組織の合成を阻害したり，貧血症の原因となることもあります。

表10-3 ビタミンとミネラルを多く含む食品と欠乏による影響

	ビタミン			ミネラル		
	成分	欠乏による影響	主な食品	成分	欠乏による影響	主な食品
脂溶性	ビタミンA	視力障害,皮膚のかさつき,脱毛,胃腸の働きの低下	レバー類,うなぎ,小松菜,にんじん,春菊,マンゴー	ナトリウム	疲労感,低血圧(過剰症:むくみ,高血圧),筋力低下,脱水症状	食塩,みそ,しょうゆ
	ビタミンD	くる病,骨粗鬆症,痙攣,骨軟化症	さけ,きくらげ,うなぎ,かじき,さんま,かつお,さば	カリウム	食欲不振,高血圧,筋力低下,手足の痺れ	干し柿,アボガド,さつまいも,バナナ,干あんず
	ビタミンE	神経機能低下,不妊,血行不全,運動能力低下,しみ	アーモンド,うなぎ,落花生,かぼちゃ,綿実油	カルシウム	成長不良,骨や歯の強度低下,骨粗鬆症,神経過敏,不整脈,痙攣	乳製品,小魚,青菜,大豆食品,海草
	ビタミンK	骨の形成不全,内出血	納豆,小松菜,ほうれん草,春菊,ブロッコリー	マグネシウム	神経過敏,集中力の低下,筋肉痛,手足の痺れ,痙攣,骨粗鬆症	種実類,納豆,牡蠣,ほうれん草,豆腐
水溶性	ビタミンB₁	中枢神経障害,動悸,息切れ,食欲不振,便秘	強化米,豚ヒレ肉,うなぎ,落花生	リン	発育遅延,筋力低下,骨・関節の脆弱,神経痛	チーズ,ヨーグルト,牛乳,小魚
	ビタミンB₂	口内炎,成長障害,視力低下	うなぎ,レバー類,さば,かれい,さんま,牛乳	鉄	貧血,骨異常,成長不全,疲労,神経過敏,食欲不振	レバー,豚ヒレ肉,ひじき,いわし,牡蠣,高野豆腐,ほうれん草
	ナイアシン	皮膚炎,下痢,頭痛,食欲不振	かつお,塩さば,ぶり,豚レバー,鶏ささ身	亜鉛	成長障害,皮膚炎,抜毛,味覚異常,肌荒れ	牡蠣,牛もも肉,豚レバー,うなぎ,豚もも肉,種実類
	ビタミンB₆	皮膚炎,貧血,痙攣,神経過敏	まぐろ,さんま,さけ,さば,牛レバー,いわし,バナナ	銅	貧血,骨異常,息切れ	牡蠣,牛レバー,種実類,納豆,アボガド
	ビタミンB₁₂	悪性貧血,神経過敏,食欲不振,運動失調	あさり,牡蠣,レバー類,さば,さんま,いわし	マンガン	骨の発育低下,平衡感覚低下,運動失調	玄米,大豆,種実類,牡蠣,ひじき,納豆
	葉酸	貧血,舌炎,神経過敏,食欲不振	レバー類,ほうれん草,豚肉,大豆,アスパラガス	ヨウ素	甲状腺腫,低血圧,疲労,精神活動の鈍化,肥満	昆布,乾燥わかめ,さば,のり,かつお
	パントテン酸	成長障害,皮膚炎,食欲不振,疲労	レバー類,納豆,さけ,いわし,落花生,牛乳,卵	セレン	心筋障害,筋力低下,抜毛,しみ	いわし,かれい,ネギ,牡蠣,牛肉
	ビタミンC	壊血病,疲労,免疫力の低下,貧血	グアバ,いちご,みかん,キウイ,ブロッコリー,オレンジ,柿	クロム	耐糖能低下,体重減少,末梢神経障害,高血圧	肉,野菜,海産物
				モリブデン	頻脈,多呼吸,夜盲症,貧血	牛乳,乳製品,納豆,レバー,穀物

文献より筆者改変

10-2 トレーニング後は炭水化物を

　トレーニングを行うと大量のエネルギーが消費され，筋肉や骨，血液など，体の組織や成分が分解します。パフォーマンスの向上や健康の維持，体力の向上のためには，体の組織や成分の分解を最小限にとどめ，合成を促進することで疲労を回復させることが大切です。

　疲労の主な原因は，①エネルギー源の枯渇，②疲労物質の蓄積，③体の内部環境の失調です。トレーニング後は筋肉のエネルギー源であるグリコーゲンが減少したり枯渇するため，グリコーゲンの基質である炭水化物を摂取して，体の組織や成分の分解を抑えるようにします。

高炭水化物の摂取

　炭水化物の摂取は，疲労の回復に影響します。図10-1は炭水化物の割合の高い食事を摂取した場合（炭水化物70％：高炭水化物食）と低い食事を摂取した場合（炭水化物40％：低炭水化物食）を比較しています。

図10-1　1日2時間の激しいトレーニング期の筋グリコーゲン含量に対する高炭水化物食の効果

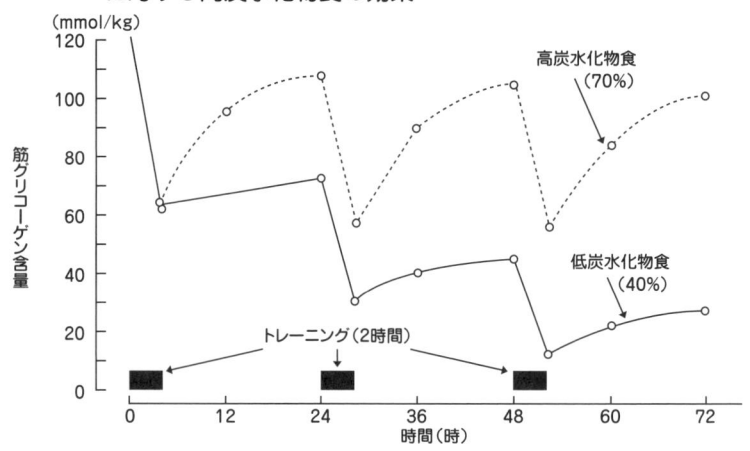

高炭水化物食の摂取は低炭水化物食の摂取と比較して筋肉のグリコーゲンの回復が良好です。翌日のトレーニング前に疲労が回復していれば，質の高いトレーニングを継続して行うことができます。

　炭水化物は，米やパン，もち，パスタやうどんなどの麺類，カステラ，芋類などの食品に多く含まれる成分です。また，調理法を工夫することで消化吸収機能への負担を軽くすることができます。例えば，米は玄米であれば胃腸など，内臓での消化吸収に時間を要しますが，お粥であれば内臓への負担を軽くすることができます。

炭水化物の必要量

　炭水化物の摂取は，1日のエネルギー所要量の55～60％が理想とされています。しかし，パフォーマンスの向上を目的とするアスリートでは運動時間や強度によってエネルギーの消費量が大きく異なります。国立スポーツ科学センター（JISS）では，強度を考慮した炭水化物の目標摂取量を示しています。

　表10-4は，運動後に摂取することが望ましいとされる炭水化物の摂取量を示しています。運動直後から4時間くらいまでの回復期は，1時間に体重1kg当たり約1gの炭水化物を頻繁に摂取し，中程度の時間，及び強度のトレーニングを行った場合は，1日に体重1kg当たり5～7g程度の炭水化物の摂取が理想とされています。例えば，体重60kgのランナーであれば，運動の直後は1時間に60g（1g／kg体重×60kg）の炭水化物を頻繁に摂取し，中程度の時間，及び強度のトレーニングを行った場合は1日に300～420g（5～7g／kg体重×60kg）を摂取するようにします。ご飯は茶碗一杯（130g）から約200kcalのエネルギーを確保でき，炭水化物を48g程度摂取できますから，中程度の時間，及び強度のトレーニングを行った場合は，1日にご飯であれば茶碗6～9杯の摂取が目安になります。

　表10-5は，食品1食分から摂取できる炭水化物からのエネルギーの摂取効率を示しています。少量の食品から効率よくエネルギーを補給すれば，疲労の回復を早めることができます。

表10-4 目標とする炭水化物の摂取量

◆運動直後の回復（0〜4時間まで）
　　　　　：約1g／kg体重／時を頻繁に分けて摂取
◆中程度の時間，及び強度のトレーニングからの回復
　　　　　：5〜7g／kg体重／日
◆中〜高度の持久的なトレーニングからの回復
　　　　　：7〜12g／kg体重／日
◆非常に強度の強い運動（1日4〜6時間以上）からの回復
　　　　　：10〜12g／kg体重／日

表10-5　1食分から摂取できる炭水化物の量

食品	1人分	重さ	エネルギー量(kcal)	水分(g)	食品1g当たりのエネルギーの効率※	食品1g当たりの炭水化物から摂取できるエネルギーの効率※
スパゲティー	1皿	240g	358	156	1.5	1.1
めし	茶碗1杯	130g	218	78	1.7	1.5
もち	厚さ1cm5cm角	50g	118	22	2.4	2.0
うどん	1玉	252g	265	189	1.1	0.9
食パン	6枚切り1枚	60g	158	23	2.6	1.9
カステラ	2cm 1切れ	50g	160	13	3.2	2.5
バナナ	中1本160g	160g	83	72	0.5	0.5
あんぱん	1個100g	100g	280	36	2.8	2.0
大福	1個60g	60g	141	25	2.4	2.1

※数値が高いほど効率よくエネルギーを摂取できる　　　　　（文献より筆者作成）

グリセミックインデックス

　炭水化物の性質を示す指標の1つとしてグリセミックインデックス（Glycemic Index：GI）があります。表10-6は食品のGIを示しています。
　GIは，インスリン分泌への刺激の強さを白パンを基準（100）として示しています。インスリンは食事や運動によって上昇した血糖を下げて，血液中

の糖濃度を一定に保つ働きをします。インスリンの分泌が刺激されることによって摂取した食品の成分は筋肉や脂肪組織に取り込まれやすくなりますから，この性質を考慮すれば筋肉におけるエネルギーの蓄積や疲労の回復を促進することができます。

　GIは一般的には多糖類よりも二糖類や単糖類で高く，パスタや玄米と比較して，コーンフレークやカステラなどの柔らかい食品で高くなります。また，砂糖入りの飲料は果糖の多い100％フルーツジュースよりもGIが高いため，この飲料の糖分は筋肉や脂肪組織に取り込まれやすくなります。

　ところで，GIは調理の方法によっても変化します。米を柔らかく調理したお粥は咀嚼の必要な玄米よりもGIが高くなります。労働や運動などの活動の開始までに時間がない時にはGIの高い食品を摂取するようにします。一方，GIの低い食品は時間をかけてエネルギーに変えることができます。

表10-6 食品のGI

GI	穀類	乳・乳製品	芋・豆類	野菜	果物・ジュース	砂糖・菓子
高い (85以上)	フランスパン 食パン コーンフレーク もち		マッシュポテト ベイクドポテト ゆでじゃがいも	にんじん スイートコーン	レーズン	ブドウ糖 麦芽糖 しょ糖(砂糖) はちみつ シロップ せんべい
中等度 (60〜85)	ご飯(精白米) スパゲティー 全粒粉パン ピザ ライ麦パン クロワッサン ロールパン		フライドポテト 焼きさつまいも ゆでとうもろこし	かぼちゃ ゆでグリーンピース	すいか ぶどう オレンジ オレンジジュース パイナップル バナナ パパイヤ メロン キウイ マンゴー	ジェリービーンズ ドーナッツ ワッフル コーラ マフィン クッキー ポップコーン ポテトチップス アイスクリーム チョコレート
低い (60以下)	ご飯(玄米) オールブラン(シリアル)	牛乳 スキムミルク 低糖ヨーグルト	大部分の豆類 ピーナッツ		リンゴ リンゴジュース グレープフルーツ グレープフルーツジュース あんず 洋ナシ さくらんぼ 桃 プラム	バナナケーキ スポンジケーキ 乳糖 果糖(フルクトース)

第10章 走って食べる。栄養の話

摂取タイミング

　食事の摂取タイミングは，胃腸などの内臓における消化・吸収率を左右します。図10-2は，同じ食品を運動後速やかに摂った場合と2時間後に摂った場合のグリコーゲン合成量（エネルギー源の回復）を示しています。運動の直後に摂った場合の方が2時間後に摂った場合よりもグリコーゲンの合成が進んでいます。また，4時間後のグリコーゲンのトータルの合成量も運動の直後に食事を摂った場合の方が多くなっています。

　適度な強度の運動後は代謝が活発であるため，同じ内容の食事であっても胃腸などの消化・吸収に関わる内蔵における吸収率が高まります。しかし，時間をおいてからの摂取は吸収率を低下させ，エネルギー源の回復やタンパク質の合成の効率を悪くします。

図10-2 運動終了後（P-EX）の投与（□）と2時間後（2P-EX）の投与（■）における回復2時間および4時間後の筋グリコーゲンの貯蔵

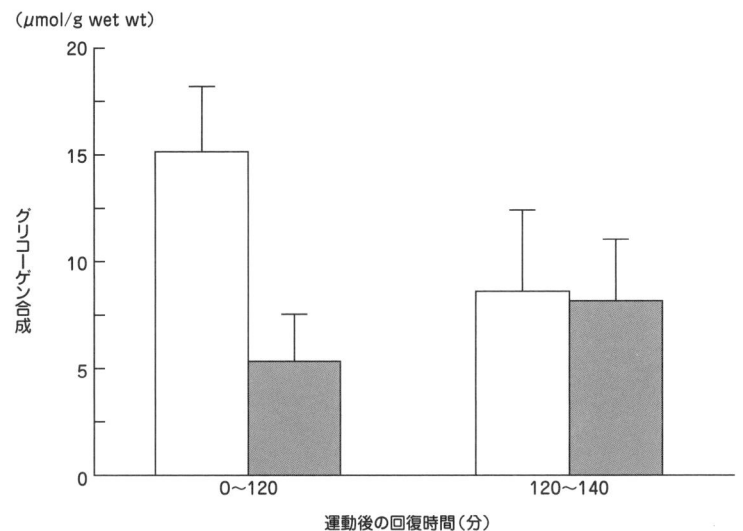

(μmol/g wet wt)

（縦軸：グリコーゲン合成、横軸：運動後の回復時間（分）、0～120、120～140）

10-3 タンパク質の摂り方

ランニングのような長時間運動では大量のエネルギーが消費されます。また，着地の繰り返しによる物理的な刺激は，筋肉や骨，血液中の血球を破壊し，さらにホルモンや酵素のはたらきにも影響を及ぼします。

図10-3は走行時間が長くなるほどタンパク質の分解（血中尿素レベル）が高まることを示しています。一方，1時間以内の短時間の運動ではその分解は多くありません。

図10-4は運動とタンパク質の代謝回転速度の関係を示しています。運動中，タンパク質は分解の速度が合成の速度を上回っていますが，運動後はタンパク質の合成の速度が分解を上回っています。さらに運動後にタンパク質（アミノ酸）を摂取することによって合成速度が高まります。

体の組織や成分は主としてタンパク質から合成されているため，運動後の摂取を疎かにすれば，筋肉の合成どころか，身体組織の分解を招くことにな

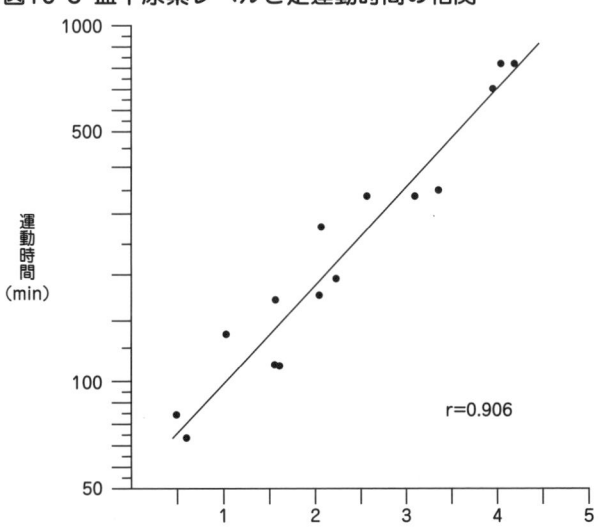

図10-3 血中尿素レベルと走運動時間の相関

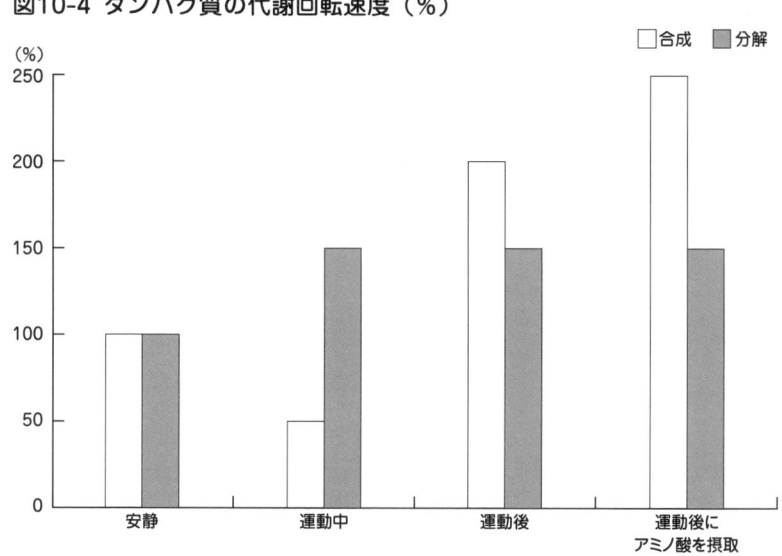

図10-4 タンパク質の代謝回転速度（％）

（安静時：合成100、分解100／運動中：合成50、分解150／運動後：合成200、分解150／運動後にアミノ酸を摂取：合成250、分解150）

ります。また，運動によりエネルギー消費が増加しているにもかかわらず，エネルギー不足の状態が継続すれば，摂取したタンパク質はエネルギー源として利用されるため，身体組織が合成されなくなります。

アミノ酸の種類と働き

　筋肉や骨，血液，ホルモンや酵素は，タンパク質やミネラルを基質としてつくられています。タンパク質は，肉や魚類，豆・豆製品，牛乳・乳製品，卵などに多く含まれ，20種類のアミノ酸から合成されています。このアミノ酸は体内で合成できない必須アミノ酸（9種）と合成が可能である非必須アミノ酸（11種）に分けられます。

　必須アミノ酸を含む食品は栄養価が高いと考えられ，肉や魚などの動物性タンパク質の方が，穀類や豆腐，納豆などの植物性タンパク質よりも必須アミノ酸を多く含むために良質であると言われています。この他，卵，牛乳なども必須アミノ酸の供給源となります。一方，非必須アミノ酸もタンパク質を合成する素材として重要な成分です。

タンパク質を多く含む食品（左は牛肉のたたき，右は牛乳・乳製品）

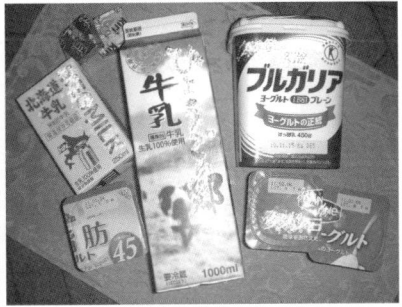

図10-5 主な食品のアミノ酸スコア（基準は鶏卵：100）

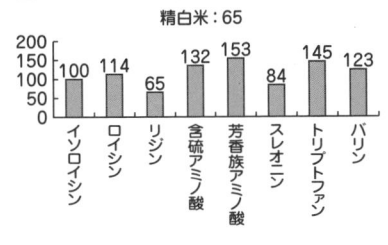

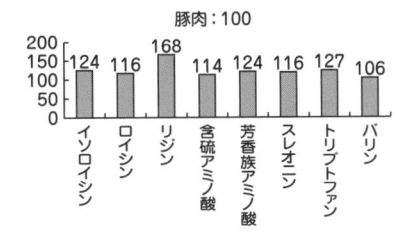

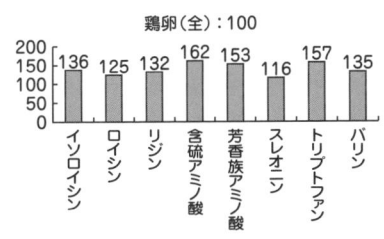

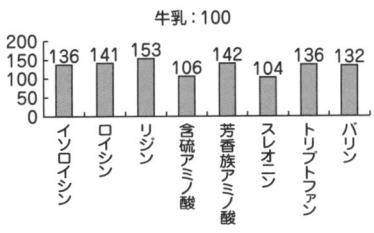

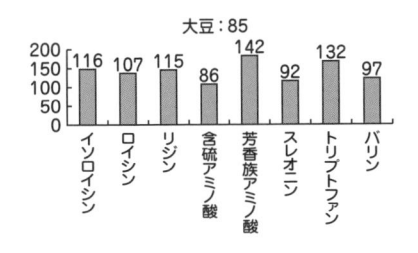

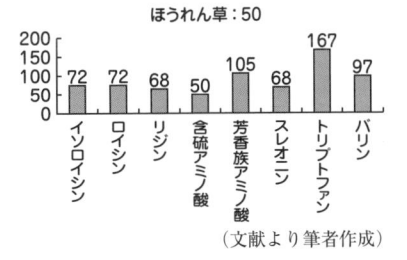

精白米：65
- イソロイシン：100
- ロイシン：114
- リジン：65
- 含硫アミノ酸：132
- 芳香族アミノ酸：153
- スレオニン：84
- トリプトファン：145
- バリン：123

豚肉：100
- イソロイシン：124
- ロイシン：116
- リジン：168
- 含硫アミノ酸：114
- 芳香族アミノ酸：124
- スレオニン：116
- トリプトファン：127
- バリン：106

鶏卵（全）：100
- イソロイシン：136
- ロイシン：125
- リジン：132
- 含硫アミノ酸：162
- 芳香族アミノ酸：153
- スレオニン：116
- トリプトファン：157
- バリン：135

牛乳：100
- イソロイシン：136
- ロイシン：141
- リジン：153
- 含硫アミノ酸：106
- 芳香族アミノ酸：142
- スレオニン：104
- トリプトファン：136
- バリン：132

大豆：85
- イソロイシン：116
- ロイシン：107
- リジン：115
- 含硫アミノ酸：86
- 芳香族アミノ酸：142
- スレオニン：92
- トリプトファン：132
- バリン：97

ほうれん草：50
- イソロイシン：72
- ロイシン：72
- リジン：68
- 含硫アミノ酸：50
- 芳香族アミノ酸：105
- スレオニン：68
- トリプトファン：167
- バリン：97

（文献より筆者作成）

図10-5は主な食品のアミノ酸のスコア（鶏卵：100）を示しています。スコアが100以上の食品は，良質のタンパク質であると評価されますが，必須アミノ酸はいずれかが不足すると他のアミノ酸もそのレベルまでしか働きません。

リジンはアミノ酸の中で最も不足しやすいアミノ酸ですが，組織の修復や成長に関与する他，抗体やホルモン，酵素をつくるなどさまざまな機能をもっています。したがって，不足すると疲労を招いたり集中力を低下させたり，貧血症やめまい，吐き気などの原因ともなります。例えばご飯を主食とした場合，精白米にはリジンが不足しているため（アミノ価：65），豚肉（168）や鶏卵（132）など，リジンを多く含む食品と組み合わせることによってアミノ酸のバランスが良くなります。米などの穀類を多く摂取する際は，動物性のタンパク質の摂取を心がけることでリジンを補給することができます。

10-4 BCAAってなんだ

タンパク質は20種類のアミノ酸から構成され，体内で合成できない必須アミノ酸（9種）と合成が可能である非必須アミノ酸（11種）に分けられます。必須アミノ酸は肉や魚類，牛乳・乳製品，卵などの動物性のタンパク質に多く含まれ，それぞれ体内で重要な働きをしています。表10-7は必須アミノ酸の働きとそれらを多く含む食品を示しています。

BCAA（Branched-chain amino Acid：分岐鎖アミノ酸）とは，9種の必

表10-7 必須アミノ酸の働きと主な食品

必須アミノ酸	主な働き	多く含む食品
イソロイシン	成長を促進する 神経の働きをよくする 血管を拡張する 肝機能を高める	子牛肉，鶏肉，牛乳，プロセスチーズ，さけなど
ロイシン	肝機能を高める	肉類，乳製品のほか，多くの食品に広く含まれている
リジン	成長を促進する 集中力を高める 肝機能を高める	肉，魚介類，卵，牛乳，チーズ，豆類，大豆製品など
含硫アミノ酸 （メチオニン ＋シスチン）	傷の治癒を早める 有害物質から体を守る（シスチン） 鬱症状を改善する（メチオニン）	牛乳，肉，全粒小麦，オートミールなど
芳香族アミノ酸 （フェニルアラニン ＋チロシン）	脳の機能を高める 血圧を高くする メラニンをつくる（チロシン） 鬱症状を改善する	動物性タンパク質食品，大豆製品，種実類など
スレオニン	成長を促進する 肝臓への脂肪蓄積を防ぐ	卵，脱脂粉乳など
トリプトファン	睡眠障害を改善する 脳の働きを良くする 痛みを緩和する 鬱症状を改善する	牛乳，チーズ，卵黄，大豆製品，ナッツ類など
バリン	成長を促進する 血液中の窒素バランスを正常に保つ	子牛肉，チーズ，他の多くの食品に含まれる
ヒスチジン	成長を促進する ストレスを軽減する 性的興味を高める	子牛肉，鶏肉，ハム，チェダーチーズなど

須アミノ酸の中でもロイシン，イソロイシン，バリンの3種のことで，牛肉のヒレ肉やマグロの赤身，カツオなど，色の赤い肉や魚類に豊富に含まれている成分です。

　ランニングに必要なエネルギーは筋肉（骨格筋）でつくられていますが，BCAAはこの骨格筋のタンパク質を構成する必須アミノ酸の約35％を占めています。したがって，運動前にアミノ酸を摂取することで，骨格筋の分解を抑え，合成をより増大させることが期待できます。

　図10-6は，BCAAの摂取と筋肉痛の関係を示しています。BCAAの摂取により運動後の筋損傷がある程度抑制されていることから，アミノ酸の摂取は運動後の筋肉痛や筋疲労感を軽減させる可能性があります。そのため，アミノ酸を利用したスポーツドリンクやサプリメントが運動前や運動中，また運動後に利用されています。

　一方，アミノ酸を利用したスポーツドリンク，サプリメントにはさまざまな種類があり，それぞれ均質な成分ではありません。BCAAを構成するロイシン，イソロイシン，バリンもその含有率が異なると効果が異なってきま

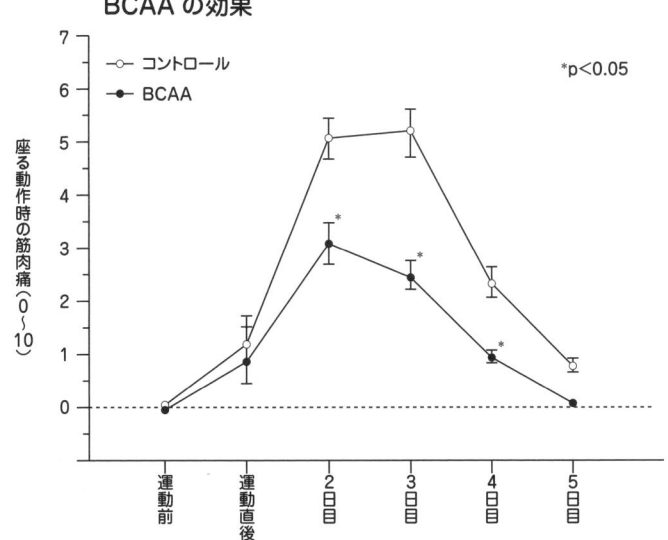

図10-6　スクワット運動により発生する筋肉痛に対するBCAAの効果

サプリメントの摂取には配慮が必要

す。例えば、3種の中でロイシンだけを大量に摂取するとイソロイシン、バリンの筋肉中の含量を低下させるという報告や、摂取量によっては疲労の回復、およびパフォーマンスの向上には変化がないという研究報告もあります。BCAAの効果は摂取する条件や環境、また個人により差が大きいと考える必要がありそうです。

　また、タンパク質の構成元素は、水素（H）、酸素（O）、炭素（C）、窒素（N）であり、水素（H）、酸素（O）、炭素（C）は、炭水化物と脂質にも共通しています。タンパク質やアミノ酸の働きを期待して食品として摂取した場合でも、その成分は体内で他の成分の代役をすることもあり、過剰に摂取すれば体脂肪の蓄積につながることもあります。

　ランナーは、日常の食事だけでなく、ランニング前後の補食やランニング中の給水などについても十分に配慮する必要がありそうです。

10-5 グリコーゲンローディングをしてみよう

レースでは，スピードが必要とされる場合と長時間にわたる運動の継続が必要とされる場合があります。いずれの場合でもレース前は，レースで必要とされるエネルギー源を筋肉に蓄積させるためにグリコーゲンの基質となる炭水化物を摂取することが大切です。

グリコーゲンローディング

エネルギー源であるグリコーゲンが枯渇すると血糖値が下がるため，筋肉の収縮が困難になったり，脳の働きが鈍ったりして，ランニングの継続が困難になります。

図10-7は食事の内容の違いによる筋肉中のグリコーゲン含量と疲労困憊までの時間の関係を示しています。運動前に高糖食（高炭水化物食）を摂取した場合，タンパク質・脂肪食や混合食を摂取した場合よりも疲労困憊までの時間を遅らせることができます。

図10-7 運動前の筋グリコーゲン含量と持久的運動能力の関係

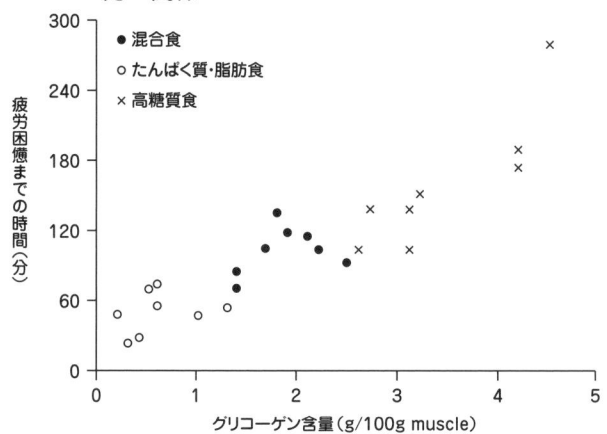

- ● 混合食
- ○ たんぱく質・脂肪食
- × 高糖質食

グリコーゲンは肝臓と筋肉に貯蔵されていますが，肝臓の貯蔵量は多くありません。したがって，運動前は炭水化物を多く含む食品を摂取して，筋肉にグリコーゲンを蓄積させるグリコーゲンローディングという食事法を実施します。

　図10-8は食事の内容とグリコーゲンローディングの効果について示しています。レース1週間前の最初の3日間のエネルギー所要量に対する炭水化物の比率を低くし（15％），その後の最後の3日間の比率を高めた場合（70％）のグリコーゲンの含量は，最初の3日間の炭水化物の比率を特別に変えず（50％）に最後の3日間のみ比率を高くした場合（70％）と同量です。この結果から，レースの3日くらい前から炭水化物を中心とした食事を摂ることで筋肉にグリコーゲンを蓄積させることができると考えられます。

　炭水化物は，米やパン，もち，パスタやうどんなどの麺類，カステラ，芋類などの食品に多く含まれる成分です。これらの食品は調理法を工夫することで内臓への負担を軽くすることができます。また，炭水化物を摂取する際は，1食分から得られる炭水化物の量やGI値を考慮することで，より多くのグリコーゲンを蓄積させる効果が期待できます（「10-2：トレーニング後は炭水化物を」参照）。一方，1食分から得られる炭水化物の量が少ない食品では，グリコーゲン蓄積のために食事量を増やすことになり，レース時に

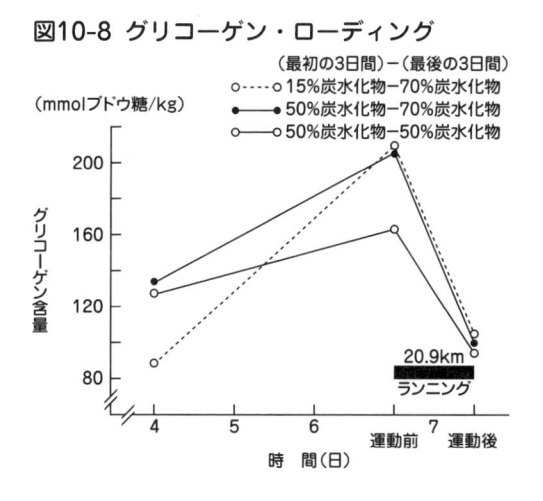

図10-8　グリコーゲン・ローディング

（最初の3日間）－（最後の3日間）
- ○----○　15％炭水化物－70％炭水化物
- ●――●　50％炭水化物－70％炭水化物
- ○――○　50％炭水化物－50％炭水化物

GI や GL とグリコーゲンローディング

　レースの当日，スタートまでに時間がない場合は，柔らかい食品や消化吸収されやすい GI の高い炭水化物を摂ると効果的です．カステラやホットケーキ，あんパンなどは GI が高いために胃腸などの内臓から吸収されやすく，エネルギーになりやすい食品です．

　一方，近年，GI を利用してグリコーゲンローディングをする方法が紹介されることがあります．また，炭水化物の摂取量に GI の概念を加えた GL（Glycemic Load）についても研究されつつあるようです．

GL＝GI × CHO amount in one serving（g）／100

　しかし，レース当日の環境は，季節や地理，時間などによって変化し，また長時間にわたるレース中には気温や湿度，風向やコースの状況が変化します．このことを考えれば，レースの前は GI を考慮するよりも炭水化物の摂取総量を増加させる方が，筋肉へのグリコーゲンの蓄積を大きくすることができると考えられます．

　ところで，マラソンレースの前夜にカーボパーティーと称してパスタを摂るイベントが行われることがあります．パスタは GI が低いため，長時間をかけてエネルギーになるため，翌日のレースに向けたエネルギー補給として理にかなっています．

脂肪も重要なエネルギー源

　トップランナーはフルマラソンを 2 時間あまりで完走しますが，健康づくりのためにマラソンを走るランナーはその 2～3 倍の時間を要します．

　図10-9は高脂肪食の摂取が骨格筋グリコーゲン含量，及び持久的運動に及ぼす影響を示しています．運動の強度は高くなくても運動が長時間にわたる場合は，炭水化物のエネルギーに加えて脂質のエネルギーも重要になります．この場合，グリコーゲンとなる炭水化物とともに脂質を含んだ食品も摂取して長時間運動に備えておくようにします．

　スパゲティーカルボナーラやバター餅などの食品は，脂肪と炭水化物を含

むため，長時間運動に適した献立と考えることができます。

図10-9 高脂肪食の摂取（5週間）が骨格筋グリコーゲン含量，及び持久的運動に及ぼす影響

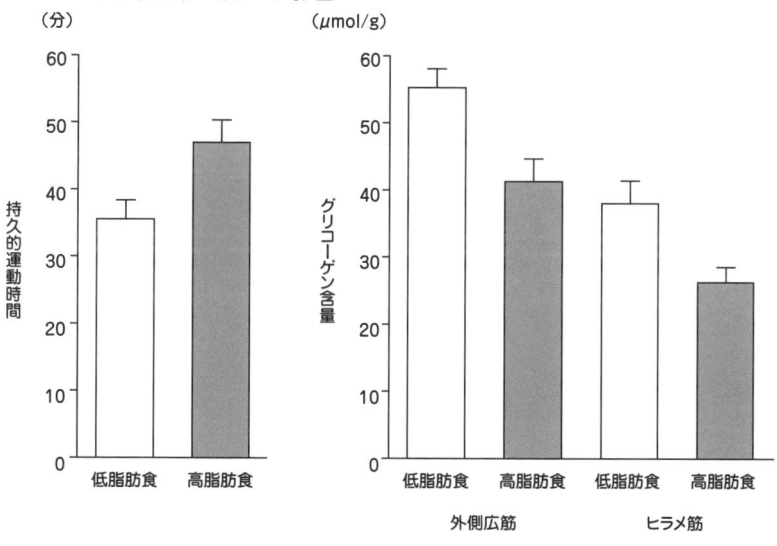

パスタは時間をかけてエネルギーになる

10-6 貧血を食事で予防

ランニング中に息切れやめまいがしたり，集中力がないなどの症状があったり，また日常生活の中でも疲労が抜けない，意欲がないなどと感じることがあれば，貧血症の疑いがあります。

貧血症は，骨髄での造血作用の不全や着地の反復による血球の破壊，食事からの鉄分の摂取不足，大量のエネルギー消費による鉄分の利用の増加などが原因で起こります。

体内の鉄分の状態は，血液中のヘモグロビン（Hb）とフェリチンの濃度から把握することができます。貧血症は，血液中の赤血球数とヘモグロビン濃度，ヘマトクリット値が正常より低下した状態です。WHOは貧血症の判定基準値となるヘモグロビン濃度を成人男性：13g／dl未満，成人女性：12g／dl未満，高齢者・妊婦：11g／dl未満としています。

鉄分は血液を介して酸素を筋肉まで運搬する働きをしていますから，鉄分

図10-10 タンパク質の摂取量および動物性のタンパク質比とヘモグロビン濃度の関係

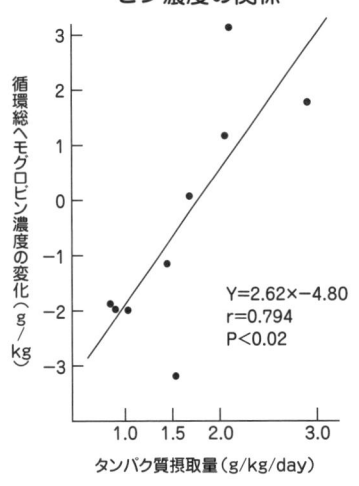

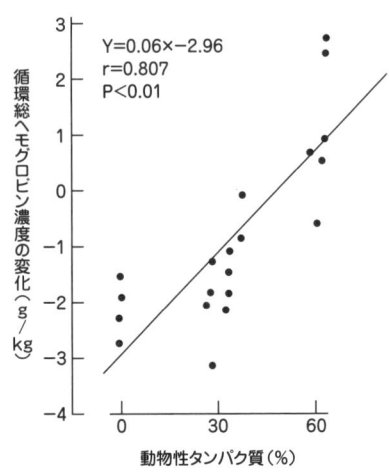

左図：循環総ヘモグロビン濃度の変化（g／kg）対 タンパク質摂取量（g/kg/day）
$Y=2.62x-4.80$
$r=0.794$
$P<0.02$

右図：循環総ヘモグロビン濃度の変化（g／kg）対 動物性タンパク質（%）
$Y=0.06x-2.96$
$r=0.807$
$P<0.01$

の不足は酸素運搬能力を低下させ，筋肉におけるエネルギーの産生に支障をきたすことになります。したがって，大量のエネルギーを必要とする持久系のスポーツでは，パフォーマンスの低下や疲労の蓄積を招きます。

貧血症予防のための食事

貧血症の予防には，トレーニング量を減らしてエネルギー消費量を少なくするとともに食事に配慮します。食事では，ヘモグロビンを合成している鉄分とタンパク質を多く含む食品の摂取が有効です。

図10-10はヘモグロビン濃度とタンパク質の摂取の関係を示しています。タンパク質の中でも特に動物性のタンパク質の比率を高くすることで循環ヘモグロビン濃度が高くなります。

図10-11は鉄分を多く含む食品を示しています。鉄分にはヘム鉄と非ヘム鉄があり，ヘム鉄は非ヘム鉄と比較して内臓における消化吸収率が高く，レバーやカツオ，マグロなどの動物性の食品に多く含まれています。

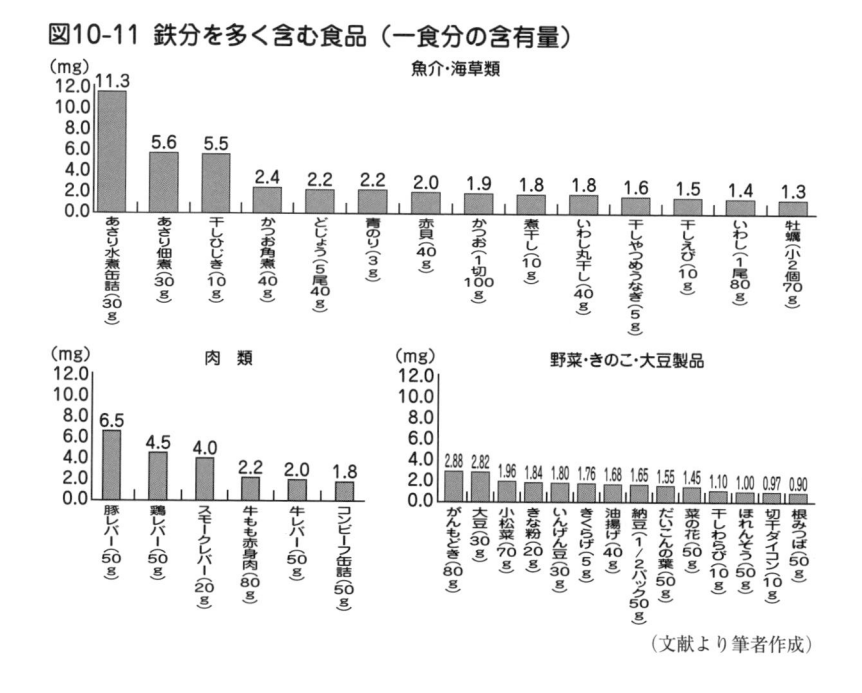

図10-11 鉄分を多く含む食品（一食分の含有量）

魚介・海草類

食品	含有量 (mg)
あさり水煮缶詰（30g）	11.3
あさり佃煮（30g）	5.6
干しひじき（10g）	5.5
かつお角煮（40g）	2.4
どじょう（5尾40g）	2.2
青のり（3g）	2.2
赤貝（40g）	2.0
かつお（1切100g）	1.9
煮干し（10g）	1.8
いわし丸干し（40g）	1.8
干しやつめうなぎ（5g）	1.6
干しえび（10g）	1.5
いわし（1尾80g）	1.4
牡蠣（小2個70g）	1.3

肉類

食品	含有量 (mg)
豚レバー（50g）	6.5
鶏レバー（50g）	4.5
スモークレバー（20g）	4.0
牛もも赤身肉（80g）	2.2
牛レバー（50g）	2.0
コンビーフ缶詰（50g）	1.8

野菜・きのこ・大豆製品

食品	含有量 (mg)
がんもどき（80g）	2.88
大豆（30g）	2.82
小松菜（70g）	1.96
大豆粉（20g）	1.84
いんげん豆（30g）	1.80
きくらげ（5g）	1.76
油揚げ（40g）	1.68
納豆（1/2パック50g）	1.65
だいこんの葉（50g）	1.55
菜の花（50g）	1.45
干しわらび（10g）	1.10
ほうれんそう（50g）	1.00
切干ダイコン（10g）	0.97
根みつば（50g）	0.90

（文献より筆者作成）

一方，非ヘム鉄はほうれん草やひじきなど，野菜や海草に多く含まれます。摂取しても内臓における消化吸収率が高くないため，疲労が大きく，胃腸などの内臓機能の働きが低下している場合には消化吸収率が低下します。このような場合には，吸収を促進する成分と組み合わせるようにします。柑橘系のオレンジやグレープフルーツ，いちごやキウイなどの果物，ブロッコリーやじゃがいもなどの野菜に含まれるビタミンCは，非ヘム鉄の吸収率を高めます。献立作成の際に鉄分の多い食品と組み合わせたり，食後に果物を摂ることにより，鉄分の吸収を促進することができます。

レバーから効率よく鉄分を補給

ビタミンCは鉄分の吸収を促進する

亜鉛などのミネラル不足も貧血症の発症に関係すると考えられます。亜鉛は，成長ホルモンや男性ホルモンなどのホルモンや組織の合成に影響し，不足すると味盲や男性では精力減退の原因にもなります。

　図10-12は，亜鉛を多く含む食品を示しています。牡蠣は他の食品と比較して1食分（小2個70g）の亜鉛含有量の多い（28mg）食品であり，またグリコーゲンや他のミネラルも豊富に含まれています。しかし，生食で多量に摂ると中毒を起こすため，摂取には注意が必要です。

図10-12　亜鉛を多く含む食品（一食当りの含有量）

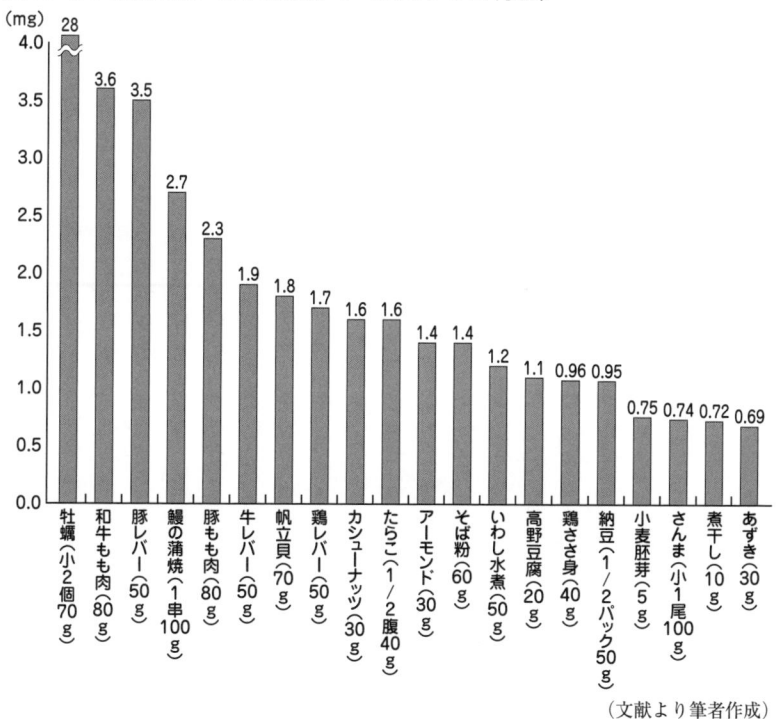

食品	亜鉛含有量 (mg)
牡蠣（小2個70g）	28
和牛もも肉（80g）	3.6
豚レバー（50g）	3.5
鰻の蒲焼（1串100g）	2.7
豚もも肉（80g）	2.3
牛レバー（50g）	1.9
帆立貝（70g）	1.8
鶏レバー（50g）	1.7
カシューナッツ（30g）	1.6
たらこ（1/2腹40g）	1.6
アーモンド（30g）	1.4
そば粉（60g）	1.4
いわし水煮（50g）	1.2
高野豆腐（20g）	1.1
鶏ささ身（40g）	0.96
納豆（1/2パック50g）	0.95
小麦胚芽（5g）	0.75
さんま（小1尾100g）	0.74
煮干し（10g）	0.72
あずき（30g）	0.69

（文献より筆者作成）

第10章 走って食べる。栄養の話

●参考文献
- 河合美香（2011）運動のためのエネルギー源，市民からアスリートまでのスポーツ栄養学，八千代出版，pp19-26.
- 小清水孝子，柳沢香絵，横田由香里（2006）「スポーツ選手の栄養調査・サポート基準値策定及び評価に関するプロジェクト」報告，栄養学雑誌，64（3）：205-208.
- 鈴木正成（1993）身体づくりの食事学，スポーツの栄養・食事学，同文書院，88-90.
- 長井典子編集（2002）ひと目でわかる日本食品標準成分表 五訂完全版，講談社.
- 矢部京之助（1992）疲労にはどんな種類があるか，疲労と体力の科学，講談社，36-44.
- Costill, D. L.（1985）Carbohydrate nutrition before, during, and after exercise.Frderation Proc., 44：364-368.
- Coyle, E. F.（1991）Timing and method of increased carbohydrate intake to cope with heavy training, competition and recovery. J Sports Sci., 9：29-51.
- J. R. Poortmans（1988）Protein metabolism. Medicine and Sport Science, 27：164-193.
- Rennie, M. J.（1999）Physical exertion, amino acid and protein metabolism, and protein requirements. In The Role of Protein and Amino Acid in Sustaining and Enhancing Performance, National Academy Press, 243-253.
- 中村丁次監修（2006）タンパク質とアミノ酸，からだに効く栄養成分バイブル，主婦と生活社，192-225.
- 下村吉治（2009）運動・スポーツとアミノ酸代謝，臨床スポーツ医学 スポーツ栄養・食事ガイド，文光堂，29-35.
- Shimomura. Y., et al.（2006）Nutraceutical effects of branched-chain amino acids on skeletal muscle, J. Nutr., 136：529S-532S.
- 工藤由紀（2004）ランニング学研究〔特集〕長距離ランナーの代謝を見直す―BCAA含有飲料はランナーにとって有効か―，16（1）：9-13.
- AIS Supplement Group Classification, Australian institute of sport, http://www.ausport.gov.au/ais/nutrition/supplements/classifications，公式HP，オーストラリア国立スポーツ研究所.
- Bergstrom, J. et al.（1979）Diet, muscle glycogen and physical performance. Med. Sci. Spoets Exerc., 11：1-5.
- Sherman, W. M., Coetill, D. L., Fink, W. J., Miller, J. M.（1981）Effect of exercise-diet manipulation on muscle glycogen and its subsequent utilization during performance, Int. J. Sports med., 2（2）：114-118.
- Stephen H. S. WONG,（2010）Glycemic Index, Glycemic Load andExercise Performance，第22回ランニング学会海外招待講演.
- 坂本静男（2009）貧血，臨床スポーツ医学 スポーツ栄養・食事ガイド，文光堂，148-152.
- Yoshimura, H. et al Anemia during hard physical training（Sports anemia）and its causal mechamism with special reference to protein nutrition, Wld Rev. Nutr. Diet, 35：1-86.
- 河合美香，木村みさか，鈴木愛子，佐々木由美（1999）ランニングとタンパク栄養，ランニング学研究，10：15-23.
- 中村丁次監修（2006）「鉄」と「亜鉛」，からだに効く栄養成分バイブル，主婦と生活社，106-113.

あとがき

　"ランニング"は，とてもシンプルなスポーツ活動の1つです。だからこそ奥の深さを感じざるを得ないのかもしれません。ランニング経験者の皆さんが「走りだして初めてその奥深さを実感し，それまで見る側・観戦者として見聞きしていたものとは別次元のものが感じられた」と会話しているのを耳にしたことがあります。この点では，筆者自身，今日まで約50年近く走り続けてきたことを振り返ってみると，箱根駅伝を走った駆け出しの頃は，一般ランナーと全く同じ感覚でした。その後，リタイアして健康維持のために汗する走りの中では，その目的が相当違うこともあり，ランニングといっても幅はとても広いということを実感します。いずれも本書の内容に重ね合わせてみると，筆者自らが経験した"走歴の軌跡"における生理面や心理面などに関することが，この本にはきめ細かくとりあげられていて，教えられることが多いと思います。

　さて読者はすでにお気づきと思いますが，この本の特徴は，ランニング初心者がこれまで見る側・観戦する立場から得た情報から一歩進んだ内容であり，あるいは中・上級者がこれまで常識とみなしてきた知識や情報とはかなり異なる内容が，盛り込まれています。

　その1例をあげてみましょう。"ランニング"は，ただ単に見る（観戦する）だけは，その素晴らしさを見つけることが難しいものでした。それは，従来のランニングについての見方が，単調な動作だけに終始し，どこのポイントに注目すると素晴らしさが分かるのか，どんな角度で見ると面白いのかなどについて，教えてこなかったからなのです。つまりトレーニング方法やルールなどを表面的に説明するだけでした。また，レースで重要なことは，一斉にスタートしてゴールに飛び込む差の判定だけ。ですから一般的にランニング種目では，勝ち負けと記録の良し悪しに注目するだけで良しとして，ランニングの楽しみに触れることがなかったのだと考えます。

　そうでなくスポーツというものは，全て種目特有の素晴らしさがあり，奥深さを持ち合わせていて，それぞれがスポーツ活動の現象として認められ，その素晴らしさを感じ取ることができるのです。そして，その素晴らしさが

あとがき

盛り込まれたのが本書なのです。

ではそのランニングのスポーツ活動としての"素晴らしさ"とは，どのようなものなのでしょうか!? その例としては，「呼吸と体内リズム」，「手足の同調運動感覚」そして「ほほが風切る感触」などなどです。当然，こうしたことは個人の感覚により異なりますが，他のスポーツ種目では味わえないランニング固有のものです。

例えを追加しましょう。ジャングルや草原を疾走する動物の走る動作を例にとってみると，その"素晴らしさ"は「スピード感」だけでなく，動物特有の「体の線」であり「動きのバランス表現」であったり，これこそ美の世界の"芸術的"なものを醸しだしているとさえ言えます。

そういう点では人間も同じ動物ですから，ランニングという活動表現もこうした角度から見る必要があり，また，芸術的な動きを表現できた時にランニングの「真の素晴らしさ」を見ることとなるのです。

ランニングを行うことの2つ目の素晴らしさ，これこそ人間以外の動物と大きく異なるところですが，それはランニングを「健康」や「体力」と関連づけるように知恵を働かせ，走り（ランニング）を活用することができるということです。

いずれにせよ，これまでの各種ランニング本と比較すると，分かりやすく，実践しやすく，これまでにない編集方針でまとめられた本書は，ランニングを楽しむ方々はもちろん，ランニングを指導・アドバイスする環境におられる方々にも，サイドブックとして活用していただけることと信じています。

ランニング学会副会長
宇佐美　彰朗

[著者紹介]

山西哲郎	立正大学社会福祉学部教授	1-1～3
有吉正博	東京学芸大学教育学部教授	2-1～2
青野　博	日本体育協会スポーツ科学研究室	2-3
山本正彦	東京工芸大学工学部助教	2-4，7
佐伯徹郎	日本女子体育大学体育学部准教授	2-5
井筒紫乃	帝京科学大学こども学部准教授	2-6
藤牧利昭	帝京平成大学現代ライフ学部准教授	3-1～5
安藤創一	福岡大学スポーツ科学部助教	4-1，3
桧垣靖樹	福岡大学スポーツ科学部教授	4-2，4
伊藤静夫	日本体育協会スポーツ科学研究室室長	5-1，2
武田　一	桜美林大学健康福祉学群准教授	5-3，4
鍋倉賢治	筑波大学体育系教授	5-5，9-2～3
中村和照	茨城キリスト教大学生活科学部講師	5-6
髙丸　功	学習院大学スポーツ・健康科学センター准教授	6-1
吉久武志	横浜市スポーツ医科学センタースポーツ科学部	6-2
持田　尚	横浜市体育協会健康づくり事業課医科学員	6-3
榎本靖士	筑波大学大学院人間総合科学研究科准教授	6-4
雨宮輝也	帝京平成大学現代ライフ学部教授	6-5
田中宏暁	福岡大学スポーツ科学部教授	7-1～5
豊岡示朗	大阪体育大学体育学部教授	8-1～6
吉岡利貢	環太平洋大学体育学部講師	9-1
河合美香	龍谷大学法学部准教授	10-1～6

(執筆順)

走って 読んで 再発見！
ランニングリテラシー
©Society for Running, 2011　　　　　　　　　NDC782／vi, 208P／21cm

初版第1刷──2011年8月10日
　　第2刷──2012年9月1日

編　者──────ランニング学会
発行者──────鈴木一行
発行所──────株式会社　大修館書店
　　　　　　　〒113-8541　東京都文京区湯島 2-1-1
　　　　　　　電話 03-3868-2651（販売部）03-3868-2298（編集部）
　　　　　　　振替 00190-7-40504
　　　　　　　［出版情報］http://www.taishukan.co.jp

装丁者──────井之上聖子，内藤惠子
写　真──────Aurora Photos／アフロ，アミノバリューランニングクラブ，
　　　　　　　学習院大学陸上競技部
印　刷──────広研印刷
製　本──────ブロケード

ISBN978-4-469-26721-1　Printed in Japan

Ⓡ本書のコピー，スキャン，デジタル化等の無断複製は著作権法上での例外を除き禁じられています．本書を代行業者等の第三者に依頼してスキャンやデジタル化することは，たとえ個人や家庭内での利用であっても著作権法上認められておりません．